人生を変える読書

無期懲役囚の心を揺さぶった42冊

美達大和

JN144471

堂新書

はじめに

私は美達大和と申します。現在、２件の殺人事件により無期懲役囚として、刑期10年以上の者が収容されるＬＢ級刑務所に服役しています。殺人事件といっても衝動ではなく、計画して実行した確信犯でした。当時、妄信していた歪《ゆが》んだ信条によって決行したのです。すでに20年以上の服役になりました。その間に己の過ち、信条の誤謬《ごびゅう》に気がつき、贖罪《しょくざい》のひとつとして社会に出ないと決めて暮らしています（無期懲役囚は工場で作業せずに、ずっと一人でいる処遇を受ければ仮釈放の対象になりません）。

それで被害者とご遺族への償いになるわけではありませんが、反省とは何か、謝罪とはどうすることとか、自分に何ができるだろうかと、模索する日々です。

私は小さい頃から本が好きでした。「読んで」とあまりにうるさく言うので、母が文字を教えてくれ、自分で読むようになったのが、３歳前後だったといいます。

以来、私は〝本の虫〟で、社会にいた頃は毎月、単行本を１００冊から２００冊（盆や年末年始には300冊前後）、週刊誌20誌、月刊誌を80誌から100誌ほど読むのが、完全に生活の一部でした。

服役した頃は、学習用のものも含めて、毎月8冊という著しい制限があったのですが、旧監獄法が平成18（2006）年に改正されて制限がなくなったので、月に80冊から120冊前後（最高は250冊）を、文字通り一分一秒を惜しんで読んでいます。

社会にいた頃は金融業・不動産業・外車販売業を営んでいたのですが、メインに金融業を選んだ理由のひとつは、比較的、時間に融通がきき、本が読めるというメリットがあったからでした。

アリストテレスの『形而上学』の冒頭に、「人間は知りたがる動物」ということが書かれていますが、それはまさに私のことで、小さい頃から何でも知りたがる〝質問魔〟だったのです。そのため、本もさまざまなジャンルにわたって読んできました。

そういう読み方を重ねていると、ある日、別々の分野の知識、たとえばルネッサンスと活版印刷技術の関わりや、18〜19世紀のベートーヴェンの音楽と哲学・文学の潮流の関係など、離れていたことが、予期せず有機体のようにつながります。

ニュートンは、それを「巨人の肩に乗る」といいましたが、知の底で互いに関連性を持っていることを知った時、私は胸奥で快哉《かいさい》を叫んでいたものです。

また、ある時は自分も物語の主人公のつもりで、困難を乗り越えたり、敵に立ち向かっていくこともありました。そうして喜怒哀楽を共にしながら、読了後は感動で興奮したり、主人公たちとの別れに寂しさを覚える自分を発見したものでした。

世の中のあらゆることを知りたいと本を読みましたが、何かひとつを知るたびに、いくつも問いが出てきて、知れば知るほど、知らないことが増えるのだ、一生かかってもすべてを知るなんてできないのだと知った時にはがっかりしたのも、良い思い出です。

小学生の頃から家にいる時は本を手放すことはなく、寝る時にも何時間も読むのが習慣でした。普通の家庭なら喜んでくれるのでしょうが、父は目を悪くするから本なんか読むなと怒っていたものです。それでも、私は本を夢中で読んでいました。

私の父は、かなり奇嬌《ききょう》な生き方をしてきた人で、息子の私の育て方は偏《かたよ》ったものでした。「勉強もスポーツも喧嘩も1番以外はダメ」「他人の5倍、10倍やれ」「最後までやれないなら、やるな」「嘘を言うな」「白黒をはっきりさせろ」など、いっさいの妥協を認めません。私は父の言葉を疑うことなく育ってきたのです。

裕福な家庭でしたが、父のワンマンさに疲れた母が家を出てからは父が働かず、家にも寄りつかなくなり、暮らしは一変しました。父が学費などの生活費は1円もくれなかったので、食費をはじめ、給食費・ＰＴＡ会費・学用品などの費用を自分で稼がなくてはならなかったのです。

その後、大きくなったらそんな父をぶっ飛ばしてやろうと、ひたすら格闘修業に精を出すようになりましたが、その過程で少しずつ父のことを理解し始め、なんと欠点の多い人だと思いつつも、それを許せるようになっていきました。

やがて、一日も早く社会人になりたかった私は高校を中退して、営業の仕事を選んだのでした。3年間は一日も休まないと決めて、毎日、働くことに没頭したのです。

その後、固定給なしのフルコミッションセールスを始め、４０００人の中で1年以上、毎月、営業成績日本一を続け、20歳で最年少の支社長になりました。営業や心理学の書を何百冊と読み、その内容を試すべく、実際に行動を重ねた成果でした。

そうして21歳の時に中小企業を対象とした金融会社を設立しました。会社の規模が拡大すると共に、必然性が生まれて不動産業、外車販売業も始めたのでした。

時代も良かったせいで、業績はロケットみたいに伸びて、この調子が続けば早目にリタイアして、自分の夢、目標のための仕事ができると、取らぬ狸の皮算用という状態だったのです。

しかし、好事魔多しとはよく言ったもので、自らの未熟さ、歪《いびつ》さにより、事件へとなりました。

当時は相手の行為を自分の側からしか見られず、狭量で硬直的な思考だったために、動機は間違っていないと思っていたのです。しかし、やったことの責任は取る覚悟で、弁護士の先生たちには、「死刑でもいいから、是非をはっきりさせたい」と言っていたのでした。

それが無期懲役刑となり下獄したのですが、裁判も後半になって、自身の誤まりに気づき始め、また父の死を契機に、出所せずに獄の中で終わろうと決めたのです。

そんな自分が服役後、己の罪と罰について向き合い、醜悪な行為を犯した過ちに気づき、何が正しいことか模索しながらも、旧監獄法の改正により、こうして自分の思いを綴って出版できるようになりました。それらの本を通して社会の人たちとの交流も生まれたのです。

加えて図らずも、書評や私の来し方・仕事についてのレビューもさせて貰うことになり、社会の人々の思い――充足感の不足、諦念、将来への根拠のない不安などを知りました。また、微力ながらも私の提言が参考になっていることも知ったのです。

本書では、1冊の本と出会うことで、気力・勇気・知恵を得て、自分を肯定できる、あるいは再発見できる書を、また精神のあり方や生き方に変化が起こるような、刺激を与えてくれる書を選んでみました。

また、私自身があれだけの本を読みながら、なぜ愚かなことをしたのか、その変わらなかった部分や倫理を乗り越えてしまった原因はどこにあるのか、加えて本を読むことで変わった面と変わらなかった面についても考察してみたのです。

——本なんかで、人は変われない。

こんな言葉をよく聞きますが、私はそうは思いません。自分が多大な影響を受けて、40年以上も胸裡で唱えてきた言葉や実行していることがいくつもあるからです。

本との出会いというのも人間関係と同様に化学反応であり、読み手の資質やその時の状態に左右されます。何かを見つけよう、感じようと思って読んでも感じることはなく、逆に心の準備がないのに、ずしんと感じる時もあるのです。

それは、まさにケミストリーとしか言えず、心の琴線《きんせん》に触れることや、蒙《もう》を啓《ひら》かれることは、生きるうえで珠玉のような経験とも言えるでしょう。

人は変われます。

ある本との出会いによって「ああ、自分もこうなりたい」という心の奥深くからの衝撃が、憧憬《どうけい》に変わるのです。それは、日頃から胸奥の片隅にあったことのみならず、まったく予期していなかった無意識下の自分をも発見させてくれます。

あのシュリーマンがトロイの遺跡を発掘するようになったのも、幼い頃からの憧憬が出発点であり、小さな夢の種子を大切に育てたからでした。彼は夢と共に育ち、夢に生きましたが、きっかけは1冊の本だったのです。

現在、毎日200冊以上の本が刊行されていますが、皆さんにとって本とは何でしょう。知識・情報を得るもの、現実を忘れさせてくれるもの、別の世界を見せてくれるもの、奮起・感動させてくれるもの、楽しくさせてくれるもの、時間を潰してくれるものと、さまざまでしょうが、考えてみると1冊の本との出会いは運命的なものかもしれません。

多感な中学生の頃、漠然と将来、どんな人間になるのだろうと思っていた時、私はロマン・ロランの『ジャン・クリストフ』を読んで、「人は自分にしかなり得ない何者かになるのだ」と啓示を受けたかのような衝撃を感じました。以来、私はこの思いを抱き続けているのです。

私にとって本とは、知識を与えてくれるだけではなく、古今東西の優れた人々と出会い、人生を教えてくれたり、別の世界へ誘《いざな》ってくれる存在です。進歩を希求し難解な本に挑んでみたり、広く知識を身につけたりすることは、他者の論理ではなく、自らの頭で考えられるようになる、楽しみも兼ねた訓練でもあります。

「学問には坦々たる大道はありません。そして、ただ学問の急峻《きゅうしゅん》な山路をよじ登るのに疲労困憊《こんぱい》をいとわない者だけが、輝かしい絶頂を極める希望を持つのです」

この言葉は、『資本論』の第1巻にありますが、自己の世界を広げる喜びを想像すると、どんな山路であろうと登ってやるぞ、という熱い思いがたぎってくるのでした。

世の中の森羅万象をことごとく知り尽くしたいという夢は不可能と悟り、それなら私は「すべてのことについてすべて知ることが不可能な以上、すべてのことについて少しずつ知るべきだ」というパスカルの言葉が示す道を目指しました。

さらに、事件後は私の独善性を猛省し、頭脳や論理ではなく、心のあり方、心に響くことを重んじ、著者が目の前にいるかのごとく、敬虔《けいけん》な思いで書物にあたってきたのです。

その過程で、教養とは物事を知っていることではなく、多様性であり、異質な対象を許容すること、心の豊かさとは寛容であり、些細なことを気にしないものと知ったのでした。

社会にいた頃は、稀少価値であらねばと働いた私は、20代半ばより10桁《けた》の収入を得て贅沢三昧の暮らしをしていましたが、拘置所の独居房（現在は単独室と呼称）に入った時、季節は冬で火の気のない部屋は、四六時中、吐息が白くなるほど、冷え冷えとしていました。

その時、私は終戦後にソ連の収容所（ラーゲリ）に抑留された日本軍人の物語や、帝国ロシアやソ連の作家が書いたシベリヤの監獄の物語をあまた渉猟《しょうりょう》しては、己の寒さなど児戯に類するもの、何ほどのことでもないと笑い飛ばしていたものです。

先人たちのように、マイナス40度、50度の中、満足な防寒着もなく、粗末な衣服で空腹に堪えつつ重労働をするわけでもなく、食事も不足することがない生活は、サナトリウムにでも入ったようなものだと、己に言い聞かせる日々でした。

一方で、塀の中の住人となって、メディアを通して知る社会は、私が青春時代、20代の頃を過ごしたのとは違い、不況が続き、人々、特に若い人が夢や希望を持ちづらくなると共に、閉塞感《へいそく》に包まれているとされています。

中でも、サトリ世代と称される若者を中心として、夢や欲はなく、インターネットの発達で、調べてわかったらそれで十分という、行動しない人たちが増えているそうです。能動的に生きようとしないとは、なんともったいないことでしょうか。

「人生は一回性。その瞬間瞬間に、本気で立ち向かってこその人生」

学生時代からそのように考え、社会人となってからは、常に「今」の積み重ねこそが未来につながっていると信じて、仕事も遊びも中途半端を容赦せずに生きてきた私にとっては、社会にいる限り、いくらでも自分の可能性を広げられるのにと残念でなりません。

若い頃の私には想像できませんでしたが、自分がその年齢・境遇になると、「なんだ、人はいくつになっても変われるし、向上できるんじゃないか」と気がつきました。しかも獄の中でです。

人はいくらでも変わり得るのです。本人さえ諦めていなければ。

己に誤りなどないと妄信していた愚かな私でさえ「ああ、そうだったのか」と瞬時にして転換することもありました。私でさえそうなのですから、賢明な読者の皆さんなら、十分にその機会を活かすことができるでしょう。

それまでの己の精神に新たな風をはらんで、違う世界を覗くことも不可能ではありません。本書はそんな本との出会いをしてほしいという、期待と確信を込めた1冊になりました。

時間は有限であり、命と同じです。貴重な時を浪費することは自己の生命への冒瀆《ぼうとく》、背信とも言えます。

皆さんのシナプスを刺激して、脳のネットワークを発達させるためにも、訴求力の高い書をパートナーとしてください。

時にあなたを殴打するがごとく、心を激しく揺さぶるがごとく、ある時は静謐《せいひつ》さをともなって語りかけるがごとく、そして、心にたまったよどみを払い、皆さんの人生に意欲が湧いてくるような本との出会いがあることを期待しています。

自分を向上させたい、変わりたいと思っている人のために、論理ではなく感情に訴える本を選びました。それらの本の中に、きっと皆さんの心を鷲《わし》づかみにし、変わる契機となる1冊があるはずです。また、それを紹介する私の体験や言葉に、新たな自分を発見するヒントがあることを切望してやみません。

私が激しい衝撃を受け、生涯の友とした『ジャン・クリストフ』との出会いがあるように、本書は皆さんの情動を覚醒したい！　という万斛《ばんこく》の思いを込めました。

情熱、感動、共感、驚愕……。これらに類する情動に訴える何ものかを、是非、皆さんにも感じてもらいたいと願っています。

美達大和

人生を変える読書——目次

第1章

「社会性」を身につけるために

第2章

◎コラム　獄中でする読書 ——52

「心の支柱」を見つけるために

第3章 「愛」を感じるために

第4章

「知識」を戦力に変えるために

第5章

「命」の尊厳を知るために

第6章

「心」の成長をうながすために

第7章　子どもに読ませたい本

第1章

「社会性」を身につけるために

●人間関係のトラブルの原因と解決方法は何か？

自分の小さな箱から脱出する方法

アービンジャー・インスティチュート　金森重樹・監修　冨永　星《ほし》・訳

大和書房

人間関係に苦労するなんて信じられない、というのが服役前の私の思いでした。悩むどころか考えたこともなく、仕事でも私生活でも苦労したことなどなかったのです。しかし、服役後は大いに苦労し、失敗の連続となりました。

振り返れば、私は子どもの頃から常に中心的存在であり、社会に出てからは経済力もあり、職業的（金融業・不動産業・外車販売業）にも、大概の人は利益のために、私への対応は礼儀正しく、大事に扱ってくれたのです。

私も礼儀は生活の基本と心得て成人したので、通常は誰にでも友好的に接していました。自分から挨拶するというルールを守り、極力、周りの人を不快にさせないように気を配っていたつもりでした。

一方で、好きでも嫌いでも相手に気持ちを明確に伝えるようにしていたので、好きな人には心から友好的でしたが、嫌いな人にはたびたび「俺は、お前が嫌いだ」と率直に告げる愚か者だったのです。

また当人がいる時は仲良く話し、いなくなれば悪口を言ったり非難する人のことを、卑怯な振る舞いとして軽蔑していました。誰かがそのようなことを口にすれば、「だったら、陰で言わないで本人に言え」と注意していたのです。今なら呆れてしまいます。

刑務所という所は、社会にいる人の想像をあっさり覆《くつがえ》すくらいに、礼儀知らずで非常識で理非をわきまえない人間が集まっているので、それを感じるたびに、相手の非を指摘し、謝罪させたり、直してもらうことが、再三続きました。

私にとっては、一度「わかりました」と口にすれば、それは当然、守るべきことと思っていたのですが、受刑者の大半はそのようなルールを持っていませんでした。

私は、自分が間違っていないと思えば妥協はしないと決めていたので、当然ながら、トラブルとなります。そのたびに「何だ、この連中は」と強い憤りを感じる日々が続いたのです。

社会にいた頃は、「気配り、目配り、金配りの美達」と定評があり、仕事と私生活に関係なく、相手を慮《おもんぱか》るのは本能に近い振るまいでもありました。それなのに、刑務所ではトラブルの繰り返しでした。

相手が誰であろうと、何人であろうと、自分に非がなければ譲ることもなく、白黒をつけて謝ってもらうという方針を変える気は、さらさらなかったのです。

自分は悪くない、非は向こうにある。そう考えて人間関係がうまくいかず、互いに不快に過ごしていることは、社会にいる皆さんも、多々、あるのではないでしょうか。

前置きが長くなりましたが、本書はそんな人に是非、読んでほしい、いや読むべき書です。相手とうまくいかない原因は何か。その時、自分はどう考えているのか。どうすれば改善できるのかについて、順を追って述べられていて参考になります。

人間関係というのは、最初のボタンをかけ違えると、自覚していなくても、自分の正当性を確認するために、相手の見方が歪められるようです。

本書では、そういう自己欺瞞を「箱の中に入る」という表現をしていました。一度、そういうことがあると、その傾向は増大していきます。

このような場合は、相手も同じ態度で自分のことを見ていることが多く、互いの溝は深まるばかりです。そうなると「相手を変えようとする」「全力で張り合う」「状況から離れる」などを試してみても、ほとんどは効果がないと述べられています。

では、どうするか？　本書には具体的な対処方法が示されています。

２００６年が初版で、２０１４年に39刷となっていますから、一過性のブームで売れたわけではありません。小説仕立てなので、読みやすく、文章も平易です。

私のことに戻りますが、何年か前から自分が気分良く過ごすために、同囚との接し方を変えるなり、違う視点から考えてみることにしました。自分が正しいのだから譲歩しないという態度を貫くかぎり、ここでは未来永劫、同じことを繰り返すしかありません。

これが仕事やゲームならば、目的を達成するために戦略と戦術を立てて、成就させるはずだという思いもありますが、私生活では自らの思いをそのまま貫きたかったがために、技術も戦術も使わないと決めて同じ失敗を重ねていました。

それでは、あまりにも学習能力が低すぎるではないか、情けないという気持ちも湧いてきたのでした。

そこで、自分自身でさえ時には思い通りにならないのだから、他者などなるわけがないのだとして、自分の反応を変えることにしたのです。

最初は「自分に非がないのに譲るなんて」と思ったものの、遅まきながら、「これは修業」だと仮定することにしました。そう思うと、思考も対応も変わったのです。

理不尽だ、不快だと感じても、すぐに非を指摘するのではなく、相手のことを面白がったり、寛大に接することを試してみたのでした。

相手のことをいやな奴だと思った時でも、なんとか良い面を探してつき合うようにしたり、自分に練習させてくれる存在だと考えるように努めているところです。

まだ完全とは言えませんが、以前なら徹底して白黒決めようとしたことについて、「待て待て、これは練習だ」と思い、意識しないように気持ちを誘導しています。

そのような考えを持てるようになるまで、あれこれ考えてきたことの多くが、本書では順を追って示されていました。社会にいる人にとって、人間関係は永遠のテーマであるだけに有益な書です。

●ビジネスマンが生き抜くための、あらゆる処世術

ビジネスマンの父より息子への30通の手紙

キングスレイ・ウォード　城山三郎・訳

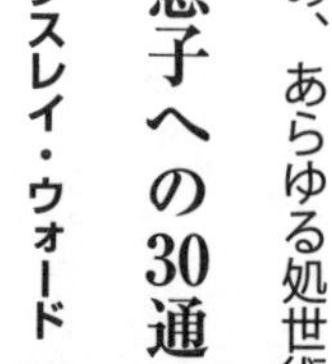

新潮文庫

叶わぬことですが、経験に裏打ちされた知恵が、若い頃にあれば……と思ったことはあり

ませんか？

あるいは、若い時に言われた親の言葉の妥当さをあとになって感じた時、なんであの時、素直に聞くなり実行しなかったのだろうと悔いたことはありませんか？

まだハードカバーだった本書を読んだ時、こんなに賢明で巧みな表現を我が子にできる父親がいるのか、と感嘆と衝撃が半々でした。当然のごとく、我が父を思い浮かべて、いやいや、俺にはあのオヤジがお似合いなのだと苦笑いしたものです。

著者は製薬関係の企業経営者であり、その息子の大学時代から、自分の会社の後継者となる数十年間に、父親として、人生の先輩として、多くの助言と指導を手紙にしました。

「自分のしたいことがわかっていて、しかもそれができる職についた君は、幸先のよいスタートを切ったと言える」「沈黙は金なりとある人は言った。そのとおりだと思う。君にも、入社したてのうちは、一オンス喋るには、一ポンド聴く、という比率を勧めたい」「馬鹿を曝《さら》け出すよりは、黙っていて馬鹿だと思われるほうがましである」

そして、商業道徳を欠いた相手に騙されて憤慨している息子には、こんな言葉を送っています。

「最も重要な点は、君がこの件で自分の品性を傷つけないですんだことである」

「わかるだろうか、君にはいわゆる誠実な人格がある。相手にはそれがないことは明らかである。（略）誠実な人格の持ち主であるということは、道徳性の高い生活態度が身についている、ということ。（略）実業界では、そのような特質をそなえることが長期的な成功をもたらす生命力になる」

文章のどこにも息子を非難する言葉はなく、騙す側でなかったことを良しとしていました。これが私の父なら、マンモスタンカー1隻分の怒号を浴びせるところですが、著者のような上質な言葉の効用は、子どもにとって計り知れないことでしょう。

ただし、我が父について弁明しますが、幼少の頃より、非難・叱責・罵倒・げんこつは数限りなく浴びていたので、息子はとても打たれ強くなり、また逆に、世間の人間が聞けば天高く舞い上がって下りてこないほどの賛辞も浴びていたため、心はいつもポジティブでした。

また著者は、結婚を考えている息子に「その幸運なご婦人は誰だろうかと思いながら、笑いをこらえることができなかった。君のデートのお相手は会うたびに違っているからだ（私はとうの昔に君の可愛い子ちゃんたちの記録を取ることを諦めてしまった）」と書いているように、どの手紙にも一級のユーモアが込められてあります。

結婚への忠告は、必読です。特に若い頃は、一時の熱情が燃え上がり、あっと気づいた時には、こんなはずではなかったというケースが多いのではないでしょうか。そんな事態にならないように、釘を刺してもいます。

息子は昇進する度に、新たな性質の問題にぶつかり、試行錯誤するのですが、著者の手紙は解決策だけではなく、そこに至るまでの道筋や思考方法についても助言をします。

そうして息子は社長になるのですが、著者は、仕事と家庭生活とのバランスの重要性を説き、自らの経験を引き合いに出し、妻と子どもとのつき合い方を示していました。

やがて、父が退任する日がやって来ました。せめて役員として残ってくれるよう説得する息子に「ノー」と言って完全に引退をします。

「やがて君は目覚めても、私は目覚めない朝が来る。そのときには、君は残された家族のめんどうを見なければならないばかりでなく、すぐにも会社の経営にあたらなければならない。自分は天使だと思っていた創立者がようやくほんとうの天使になったあとの最初の十二ヵ月間、会社は危機に直面する」

この後は、本書を読んでほしいのですが、社会人となってから社長になるまで、私生活と企業経営全般について、用意周到かつ温和な視線で息子を見つめていました。

30通の手紙は、どれ一つを取っても過不足なく、現代の日本にも有益な内容です。

それにしても最後の手紙は内容も結びも白眉でした。

「私は霊魂の再来を信じないが、もし彼の地でそういうことがあるとわかったら君の息子として送り返して欲しいと願うだろう。君の父親であったおかげで、すばらしい人生だった（私の墓石にそう刻んでくれてもいい）。愛をこめて　父さんより」

●心理のメカニズムから「説得」する方法を知る

影響力の武器　第二版

なぜ、人は動かされるのか

ロバート・B・チャルディーニ　社会行動研究会・訳

誠信書房

社会で生活する中で、その気はなかったのに、気がついてみると、いつの間にか相手の思い通りになっていたり、依頼を断われなかったことはありませんか？

しかも、それがいやいやではなく、無意識に近い、あるいは自然な形でそうなってしまっていたなど、人間関係には理屈以上の何かの力が作用しています。

いったい、それは何の力で、どのような理由から作用するのでしょうか。

それを説き明かし、人間の心理と対応する技術を知ることで、日々の対人スキルが向上できるようにという思いで、本書を取り上げました。

この力は毎日の暮らしの中で私たちに作用しているものでもあり、社会の中で自らの意思を守り、賢く暮らすための術《すべ》でもあるのです。

本書では、相手にイエスと言わせてしまうことを、「承諾誘導」と呼んでいます。「承諾誘導の原理としては「返報性」「コミットメントと一貫性」「社会的証明」「好意」「権威」があり、それらについて具体例を示して説明を重ねています。

もし、あなたが誰かから何かを貰ったり、厚意を受けた際、反射的に「お返し」を考えませんか？　これが好意の返報性であり、私たちの社会は人種・地域にかかわらず、このような文化を持っているのです。

人類学者のモースは「お返し」について、「贈与に対しての（無言の）社会的圧力があり、与える・受け取る・お返しの義務がある」と語っています。

一般的なものでは無料の試供品や試食などです。私はこれに弱いというか、断ろうと思っていても差し出されると受け取ってしまいます。そして貰ったら必ず買うことに決めていました。

「コミットメントと一貫性」という節では、プロクター・アンド・ギャンブル社の巧妙な「推奨文コンテスト」が挙げられていました。コンテストの参加者は定められた文字数の中で、この会社の製品を褒める文章を書いて応募します。

優勝者には商品が授与されるのですが、狙いは商品についての好印象を自主的に書かせることにより、この会社の製品に親しみと好感を抱いてもらい、購買につなげることでした。

他にも朝鮮戦争時の米軍捕虜に対する中国の対応、禁煙対策など、実例が豊富に示されています。

人というのは、たとえ誘導されたとしても、自ら口にしたことに従ってしまうのです。

アメリカのオモチャ業界では、クリスマス前に大量のオモチャのCMを流すのに、肝心の商品は品薄状態にするという例がありました。これはなぜだと思いますか？

アメリカでは、クリスマス商戦が1年の中で圧倒的に売り上げが伸びる時ですが、クリスマスを過ぎると、さっぱり売れません。そこで業界が策を編み出しました。子どもは、さんざんCMを見ているので親などと買いに行きますが、在庫はないと言われます。

子どもはがっかりするものの、その場では類似商品や別の商品を買ってもらい、後日、お目当ての物を手に入れるということでした。親にすれば、一度は買ってあげるとコミットメントした以上、買わないままではすまないという心理が働くからです。

「社会的証明」では、人は他者や社会は正しいと考えていることに基づいて判断する習性があるので、それを利用するものです。たとえば、数人で空を見上げていると、つられて見上げる人が現われるという事例を挙げています。

またその他にも、多額の報酬を与えることで、逆に内的動機を弱めたり、権威が関与すると、人の生死にかかわることでも指示に従ってしまうという、有名なミルグラムの実験、禁止されるほどしたくなるリアクタンスの心理やロミオとジュリエット効果など、サンプル数が豊富であり、平易な表現と相俟《あいま》って理解しやすい書です。しかも、活用は少しも難しくありません。

人間の心理とは実に面白く、不可解なもので、本書にあるような実例が、かつての私の身の周りにもありました。

不動産業では初めに老朽物件をいくつか見せて失望させてから、それらよりましな本命物件を見せるという、コントラストの原理を使うのが常套《じょうとう》手段です。

また、外車販売で実際にあったことでは、プライスカードを他の車と間違えて、百万円近く高い値でお客さんと交渉したことがありました。途中で誤まりに気づいたのですが、価格が下がった途端、当初の予算を超えていたにもかかわらず、すんなり売れたのでした。

お客さんとロールス・ロイスやフェラーリなど何千万円もする車の話をしたあと、数百万円の車を勧めると、大きな抵抗もなく買うという例もありました。

「これしかありません」「予約が入りそうです」という稀少性も、相手の心理を動かす要因としては大きいものです。人は手に入れる機会を失いかけることで、より価値のある物と見なします。この手法は、どこでも見られるもので、誰もが知っているはずです。

本書では「何が人を動かすのか」というテーマで夥《おびただ》しい例が示されていますが、心理や技術のみではなく、自らの情熱の力にも目を向けてください。これは最大の力といえます。

私はフルコミッションセールスをやっていた時は、技術主導で売ったことはなく、「熱いセールスマン」を念頭に置いていました。プレゼンテーションしているうちに、技術より熱意がどうしても上回ってしまうのでした。

当時から、営業ノウハウと心理学を学習していましたが、若かったせいか、情熱で売ることがもっとも正当なセールスだと考えていたのです。若いがゆえの盲目的な理想とでもいうのでしょうか。未熟さに苦笑いしてしまいます。

本書を読むことで、単に要領や技術だけではなく、相手の立場も考慮しながら、自分の意思を表明できたり、行使できるようになり、結果として自他共に気持ちよく生活してくれたらいいなと願っています。

ワーク・シフト

●2025年、あなたは望む「働き方」をしているか?

リンダ・グラットン　池村千秋・訳

プレジデント社

「未来はすでに訪れている。ただし、あらゆる場に等しく訪れているわけではない」

SF作家ウィリアム・ギブスンは、こう語りました。私たちは未来について、曖昧に考えがちだと思いますが、本書で語る未来は、2025年のことです。

著者は、ロンドン・ビジネススクールの教授であり、「働き方の未来コンソーシアム」の主宰者の一人です。このプロジェクトは世界の人々の意識と知識を活用するために、2009年以降、毎年調査を続け、対象も年々、拡大しています。

2025年といえば10年後であり、私のような長期刑務所の受刑者の感覚からすれば誇張でもなく、「右向いて左向いたらすぐ」というくらい、近い将来のことです。

著者は働き方の未来に大きな影響を及ぼすものとして、5つの要因を挙げています。①テクノロジーの進化、②グローバル化の進展、③人口構成の変化と長寿化、④社会の変化、⑤エネルギー・環境問題の深刻化ですが、どれも目新しいものではありません。

これらの5つの要因にかかわる32の現象を列挙しながら、来るべき未来の社会と労働形態の中で「漫然と迎える未来」ではなく、「主体的に築く未来」を提唱しています。

そのために、未来に関して最大限の情報と知識を集めている中、何よりも必要なのは、頭の中にある未来に対しての固定観念を問い直すことだと述べていました。

そして、3つの問いを立てています。

⑴私たちに特に影響を及ぼしそうな出来事やトレンドは何か、⑵職業生活に強い影響を及ぼす要素は何か、⑶未来に押しつぶされないキャリアを築くために、この先5年間に何をすべきなのか、という問いです。
①「テクノロジーの進化」では、インターネットの普及で50億人がつながり、至る所でクラウドが利用できるようになること、ソーシャルな参加が活発になること、知識のデジタル化の進展、メガ業界とミニ業界の台頭、バーチャル空間での仕事の増加が挙げられています。

④「社会の変化」では、家族のあり方の変化、幸福感の稀薄化、女性の力の強化、バランス重視のライフスタイルを選ぶ男性の増加などが挙げられ、対応策が述べられていました。③「人口構成の変化と長寿化」、⑤「エネルギー・環境問題の深刻化」では、ネガティブな状況を予想しているのですが、未来の明暗について両方のモデルケースを紹介し、読者の選択肢を広げています。

グローバル化の進展とインターネットの普及により、知識労働者は他国との関連のために業務時間が長くなり、余暇時間の著しい減少が予想されているのですが、著者は対策として、次の3つのシフトを実行するようにと語っています。

ひとつは、専門技能の習熟に土台を置くキャリアを築くこと。もうひとつは、他者とのかかわりを保ち、強力な人的ネットワークを築くこと。そして、消費を追求する人生から脱却して、情熱的に何かを生み出す人生に転換することを挙げ、どういう職業生活を選ぶのか再考を促していました。

本書では、9人の仮想モデルを想定して、2025年の労働環境を例示しながら、それぞれの長所と短所、対策や備えておくべきスキルについて述べられています。

明るい未来、暗い未来の両方について描かれていますが、結局、明暗は何を目指すのか、どう取り組むのかという本人の価値観と行動によって決まるというのが私見です。

グローバル化の流れは、もうどうにも止められず、欧米ほどではありませんが社会的な格差もジニ係数を見るまでもなく、広がりつつあるのです。

雇用については、現在、建設・土木関係と外食産業などのサービス業の求人は、恒久的なものではなく、いずれ需給は変わります。

もし皆さんが、長期雇用や自身の価値の最大化を図る時、そのためには何が主流か、どんな需要があるのかを慎重に見極めたうえで、キャリアやスキルを積み重ねていかなければなりません。

現在のみならず、将来の流れを知るには、情報を集めるだけではなく、そこから取捨選択することが不可欠です。

では、何をどのように選択すればいいのか、となります。

私は学生時代から、常に5年後、10年後、20年後の自分について考える習慣を持っていました。何かを始めるのでも、これを何十年と続けたら自分はどうなっているのかな、という思考様式があり、やるとなれば、やめることを知らずに来たのです。

胸底では、どんな未来が訪れるかはわからないが、どんな時代になろうと、いつでも課題に向かって行けるような持久力・精神力・覚悟は持っていようと決めていました。

仮に、自分のしてきたことが時流に合わず通用しなくなっても、めげることなく、その時からやり直せばいい、という思考でした。

起きてしまったことは変えられません。しかし、どんな時でも、できることはあるのです。私の脳裏には、常に将来の結果について何パターンもの予測があり、最悪のケースも含めて対応策を準備してきました。もちろん、想定外という時もあるのですが、その際は原則は何か、目的は何だったのか、どう対処すれば次につながるかを考慮して決めます。

下獄してから感じたことのひとつは、若い時に職業の選択を失敗したからといって、取り返しのきかないものではない、ということです。

どこの会社・組織に所属するのかが大事なのではなく、職業人としてどんな能力・価値を身につけるかが大事だということです。

今後、価値が高まりそうなキャリアとして、本書は草の根の市民活動家、社会貢献を目的とした社会企業家、独立して働くミニ企業家の3つの道筋を示していました。

他にも自分を際立たせるセルフ・マーケティング、ビッグアイデア・クラウド（大きなアイデアの源となる群衆）・ポッセ（同じ志を持つ仲間）について述べています。

さらに、著者は未来の仕事に必要な3つの資本を挙げていました。

知識と知的思考力を指す「知的資本」、人的ネットワークの幅広さである「人間関係資本」、自らを理解し、選択について深く考える能力である「情緒的資本」のことです。

未来社会では孤独を感じることが増えるために、心の支えと安らぎの源となる自己再生コミュニティの役割や、収入の額ではなく生活と精神のバランスの重要さなども説いています。

職業生活のみならず、未来の生活がどのようなライフスタイルになるのか、社会のニーズも含めて豊富な示唆を与えてくれる書として一読してほしいものです。

●一流の仕事をするための知的生産性向上の秘訣

プロフェッショナルの条件

いかに成果をあげ、成長するか

P・F・ドラッカー　上田惇生《あつお》・編訳

ダイヤモンド社

「あなたの強みは何か?」と聞かれた時、皆さんは反射的に答えられますか?

これからの時代に働く人たちに示唆を与えてくれる人として、やはりドラッカーは外せません。私は本書が本当に今の人たちに役に立つのか、と何度も読み返しましたが、基本として知っておくべきだという思いは揺るぎませんでした。

「誰でも自らの強みについてはよくわかっていると思っている。だが、たいていは間違っている。わかっているのは、せいぜい弱みである。それさえ間違っていることが多い。しかし何ごとかをなし遂げるのは、強みによってである」

本書は数あるドラッカーの著書の中から10冊と論文を選び、そのエッセンスをまとめたものだけに、さまざまな基礎知識やヒントが詰め込まれています。

社会と経済の変化に応じて、人々の労働も変わってきましたが、その潮流の中で個人は何についてどのように考えるべきか、どう対応していくべきかが語られています。

知識労働という言葉は、今でこそ馴染みあるものになりましたが、もとはドラッカーが40年以上も前に使った言葉でした。

現在、大きく3つに分けられています。

まず「仕事の成果は純粋に質の問題であるもの」、次に「質と量をともに成果とすべきもの」、最後に「成果が肉体労働と同種であるもの」です。今のあなたの仕事が、どれに属するかを知り、それによって何に取り組むべきかが明らかになるわけです。

知識労働の生産性を上げるには「目的の定義」「目的への集中」「仕事の分類」の他に「何が社会の役に立つか」を問いつつ、仕事の一つひとつを分析することが必要と述べています。

自分がしている仕事について、何を分析すべきか、改善点があるか、変えるべき点はあるのかなどについて、考えてみたことがありますか？　多くの人は毎日のルーティンとして作業しているだけではないでしょうか。

人は往々にして与えられた職務について、さほど疑問もなくこなしていますが、より成果を出すためには、どこかに改善点はないか、この仕事の目的と目指すところは何かなどを考えることによって、結果のみならず、自分自身も成果も変わってくるはずです。

ドラッカーは「フィードバック分析」を勧めています。何かをすると決めたならば、何を期待するかを書き留めておき、数カ月後、あるいは1年後に記録と現実を照合します。

それを繰り返すことにより、自分の強みが見えてきて、何に集中すべきかわかるそうです。その強みをさらに伸ばすこともできますし、知的な傲慢を正したり、悪癖を改めたり、無駄なことに時間を使わないようにもなれるのです。

また、時間管理についても一章が割かれています。大事なのは計画することではなく、何に時間が取られているかを明らかにすることでした。次に時間を奪う非生産的要求を退け、その結果として得られた時間を大きくまとめることを提唱しています。

すなわち、時間を記録し、管理し、まとめることが時間管理の基本となるわけです。

私は社会にいた頃は、時間管理について病的にこだわっていました。まず、人生は60年が基本で、45歳までに最初の段階を終え、次は一般家庭に劣らない環境で、高いレベルの教育ができる養護施設を作るのが、当時の目標でした。

仕事面では早期に目的を達成し、第二の人生で子どもたちと過ごすのが理想のライフスタイルであり、ずっと走り続けたままゴールを目指すのだ、という一念がありました。

何であれ、とにかく先を急いでいたのです。そのためには可処分時間をいかに増やすかがテーマでした。大脳生理学などを研究し、自分に適した睡眠の質と時間を決め、日常の動作にかかる時間を計測して、無駄を省くことに徹していたものです。

時間の性質にも種類があり、まとめて大きく取れる時間から細切れの時間まで、それぞれに合った用途に活用していました。

現在の暮らしは余暇(自由)時間が限られているので、当時より厳しい状況といえますから、1分たりとも無駄にはできません。

時間の使い方は、命の使い方と同じです。もちろん、何もしないでボーッとしている時の効用も無視できませんが、日々、仕事に従事している人には、どんなふうに時間を使っているかを実際に記録してみたうえで、それを分析し、効果的に配分することをお勧めします。また「記録する」という利点の大きさも看過できません。

私は小学生の頃から記録魔で、集めていたミニカーの諸元、野球のスコア、中学・高校ではストリートファイトの結果と、トレーニング内容と体型の変化、商売にしていた中古品の服・本・レコードの仕入れと販売と顧客についてなど、いっさいを詳細に記録していました。現在であれば、毎日の読書記録や書いた原稿枚数、進捗状況とその時々に感じたことをメモしています。

何であれ、記録するということは意識を強化し、仕事量を増やす行動につながり、やがて質に転換することになるのです。

本書の後半では意思決定のために何をすべきか、その秘訣について述べられています。まずは問題の特定です。それは基本的な問題か、例外的か、何度も起こることか、個別に対処すべきことかなど、解決のために必要な考え方が提示されます。

本書を読んで感じるのは、これまで点在していたことを体系的に整理して、論理的に思考するとはどういうことかを示している点です。

後半ではリーダーシップと第二の人生について述べられていますが、どれもビジネスマンとして必須の知識でした。本書では再三にわたり、物事についての見方や考え方が説かれているので、是非、この思考方法を習得してほしいと願っています。

●対人知性を科学的に解き明かす

EQ
こころの知能指数

ダニエル・ゴールマン　土屋京子・訳

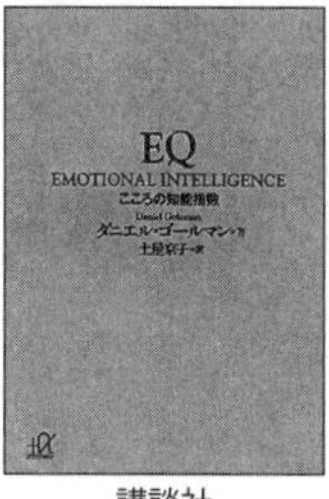

講談社

「EQ」という言葉は、すでに日常の中に溶け込んでいるようですが、本書では知能テストで測定されるIQとは質の異なる頭の良さとして紹介しています。

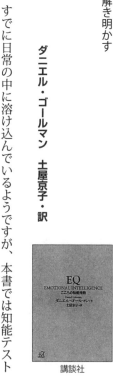

たとえば「自己の気持ちを自覚し尊重し、決断を下す能力」「衝動を自制し、不安や怒りなどのストレスのもとになる感情を制御する能力」「挫折にも楽観を捨てず、己を励ます能力」「共感し、集団内で調和を保ち、協力しあう能力」と定義されています。

これらは、私たちが生活する中で起きる出来事や現象、他者に対応する能力や情動とも言えるでしょう。意識の有無に関係なく、誰もが抱える感情の動きがEQです。

著者は、「人間の能力の差は、自制、熱意、意欲などを含めたこころの知能指数（EQ）による」とし、「EQを高めることによって」IQをより豊かに発揮できると語ります。

IQと学歴は相関関係が認められるのですが、高IQが必ずしも成功者とは限りません。

高IQでも問題のある人は多く、特に対人知性に欠陥が見られるというケースが、少なくありません。

私が社会にいた時、他者への対応については、私なりのルールがありました。挨拶は私からするように心がけ、それに対して同じようにしてくれる人には紳士的、友好的に振る舞い、逆に無礼だったり横柄な人には、それに合った接し方をしていたのです。

中には威勢のいい人もいて、実力行使となることもありますが、私は正義・正当さを貫いてきました。私は決して好戦的ではありませんし、平生は穏やかに暮らしていますが、礼を失したり横暴な人は看過せずに対応してきたのです。

そうであっても、人と不快な関係になることは滅多にありませんでした。

しかし、下獄してそんなことを繰り返しているうちに、世の中には「2+2」が3や5にしかならない人間や、どれだけ話しても道理が通じない人間がいると知ったのです。

他者の迷惑など毫《ごう》も考えず、ひたすら己の都合でしか生きられない相手だと理解した時、怒りや不条理という思いで不快な時を過ごしている自分に目を向けました。

事件前の私であれば、どんな手段を使っても約束を守らせるか、相応の対処をするところですが、悔悟の念を持つ今では、自分の情動、生活を守ることを考えなければなりません。

相手を変えるのではなく、自分が変わるというのが結論でした。

ただ、この結論にすんなりたどり着いたのではありません。どう考えても己に非がないのに、なぜ自分が変わらなくてはならないのか、あんな奴のために妥協するのか、と割り切れない思いを抱えて暮らす日が少なくなかったのでした。

しかし、ある時、相手の側に立って、私とのやりとりを考えてみたのです。何であれ、きっちりと白黒をつけないと気がすまない私に、反論の余地なく追求され、謝罪させられるのは、自分に非があったにせよ、相手が面白いはずがありません。

そのことに気づいてからは、非は向こうにあると思っても、これは自分の精神の健康・平穏と対人スキル向上の訓練だと思い、できるだけ気にしないように心がけています。

塀の中の生活は、自分の思い通りになることは稀ですし、むしろ、そうではないことが普通でした。ですから、そのようなことにいちいち反応し、自らを不機嫌にしたり、精神を乱れさせることは、私自身が愚かという以外、言いようがありません。

仮に不快と感じることがあっても、それはその瞬間のことです。その後も思い出しては腹を立てているのは、自分のせいということになります。

なぜ、自分で自分を不快にするのか、なぜ他者の行為に感情を左右されなければならないのか、と自分を叱咤し、笑うことにしました。

振り返ってみると、高い対人知性を身につけるというのは、相手ばかりではなく、周囲と、そして何よりも自分を幸福にすることだと気づきました。日々の快・不快や幸福感というのは、その多くが対人関係に影響されています。

それは相手がどうであれ、自らの処し方、感じ方でどうにでも折り合いがつくのです。このことに気がつくまで、随分と遠回りをしたものだと残念でなりません。

本書にあるように、気質は先天的なものと、環境や生い立ちに影響されますが、変えることは可能です。ＥＱの低い私でさえ、できつつあります。

他にも失敗に対する受け止め方や共感能力、協調性など、仕事でも私生活でも身につけておくべきことについて述べられていますが、どれも人生をより良いものにするためには不可欠です。

性格を変えるのではなく、思考を変えればいいのです。

本書では、さらにさまざまな対人知性や情動を科学的に解き明かし、それを備える利点と方法をまとめています。情動に対処する3つのパターンも提示されているので、自分がどのパターンなのか考えてみてください。自分とのつき合いは一生です。

Column

獄中でする読書

毎週金曜日に社会からの差し入れ本と、獄内で自分で買った本とが配られます。獄内に書店はないので、申し込み用紙を提出して約1カ月後に在庫があれば届きます。本は雑誌・新聞等の書評や「読書新聞」「週刊新刊全点案内」を参考に選ぶのですが、直接たしかめられないゆえに「ハズレ本」が少なくありません。ハズレ本の時の失望感や機会の喪失はかなり痛いです。

各自の持てる荷物の総量に制限があるため、極力、金曜から日曜の3日間で大半を読了し、すべて社会に送り返しています。

休日は午後3時半まで原稿を書き、就寝時間の午後9時まで読書です。平日は勉強や資料整理、原稿執筆がなければ読書をします。受刑者は午後6時になればパジャマに着替えて横になって読書ができますが、私は机に向かって読書をします。ページをめくる速度が早いためと筆記のためです。ゆっくり雑誌を眺めるというのは贅沢の極みで、おそらく私は死ぬまで不可能でしょう。「時間＝命」です。たとえ獄内であろうと、読書の時間は自分の境遇を忘れて過ごせます。私にとって読書は生きることと同義なんだと思い知らされました。このように育ててくれた母に感謝しています。

第2章

「心の支柱」を見つけるために

●武士道から生きる覚悟と心構えを学ぶ

葉隠

松永義弘　解説・訳

ニュートンプレス

「武士道とは、死ぬことと見つけたり」

『葉隠』を読んだことのない人でも、この言葉は聞いたことがあるでしょう。

このあとに、「生か死かの二つに一つのときは死ねばよい。なにも考えることはない。覚悟をきめて突き進め。目的もとげずに死ぬのは、犬死にだ、などというのは上方風な軽薄な武士道である」と続きます。

『葉隠』は、約３００年ほど前、佐賀の鍋島家の山本常朝《じょうちょう》が語ったことを、同じ鍋島家で浪人していた田代陣基《つらもと》が書き取ったもので、７年の歳月をかけて、享保元（１７１６）年に完成しました。

聞書第1から第11までで構成されており、教訓・藩主の事績・藩の歴史・藩士の言行などについて、武士としての覚悟や思想が説かれています。

常朝がどのような人であったかは本書に譲るとして、死ぬときの心境を常に思い、「毎朝、怠りなく死んでおくこと」という覚悟や、主君や主人に仕える際の心構えにも言及しています。

本書は、大東亜戦争中は戦意高揚に利用されるなど、本来の意義とは異なる負のイメージがありますが、実際は人としての生き方についての教訓、亀鑑《きかん》（行動や判断の基準）ともいうべき書です。

現代語訳は豊富にありますが、理解しやすい本書を選びました。

私が初めて読んだのは中学生になったばかりの頃でした。時代ものの本を読んでいた時に、何度も「葉隠」という語が出てきたので、何だろうと思って読んでみたのです。

ちょうどその頃は、両親の離婚後、父の放蕩と会社の倒産により、小学校5年生から生活費・給食費・PTA会費などを自分で稼がなければならなかった生活が、父の再婚と仕事への復帰で終わった時でした。

私は父への怒りや憎悪があり、早く大人になってぶっ飛ばしてやろうと燃えていました。そのためには、戦後の混乱の時代、腕力にものをいわせて生きてきた父を凌駕するべく、修業あるのみ、と思っていたのでした。

そんな私にとって『葉隠』は、格好の書になったのです。特に「正気でいては、大仕事は達成できない。気違いになって死にもの狂いでやるものだ」という一節に深く共鳴し、常に心にとどめていました。

群れたりせずに、いつも一人、または小人数で行動していた私とって、この言葉は強固な原理であり支柱となって、己を駆り立てていたのでした。

とにかく、自分は強くならなければならないのだという使命感があり、そのためには身心共にどうすればいいのかを、日夜、真剣に考え、実践していたのです。

ただ、年を経るごとに共感する言葉が変わり、物事を学ぶにつれて、言わんとすることの本質が見えてくるようにもなりました。しかし、本書の価値はいささかも変わりません。

ここに書かれていることは、覚悟の持ち方です。死ぬことというのも、現代の世なら、常時、死の到来を意識し、時を大事に過ごすこととなります。

「困難なことに出会っても驚かないくらいでは、まだまだ未熟で、大きな困難に出会った際は、喜び勇んで進むべきである」

この言葉は、中学生の頃から胸裏に深く刻み込んでいました。難しい局面になると、自分はどうやってこれに対処するのか、他者の眼になって楽しんでやれ、という気概が反射的に湧いてくるのです。

「覚《おぼえ》の士というのは、事にであって経験して会得したというだけではない。あらかじめそれぞれの対処の仕方を検討しておいて、事に臨んでうまく成し遂げる人である」

何か物事を始める時、学生なら試験などを目前にすると、不安を持つこともあるでしょう。それは普遍的な人間の反応のひとつですが、悩んだところで、結果を良くすることには役に立ちません。自分にでき得る限りの最善を尽くし、あとは天に任すだけということです。

「人生は、現在の一瞬に徹して生きるという一念、つまり、『端的只今《たんてきただいま》』が大事である。一瞬、一瞬の積み重ねが一生である。ここに気がつけば右往左往することもなく、他に求めるものもなし。この一瞬を大切にして生きるのみである」

このように生き方についてだけではなく、交渉事の処し方、勇気、志、平生の心がけ、酒席の心得、子の育て方、上司とのつき合い方、己の言動への注意などもあり、現代でも十分に参考になります。

「死に狂い」などと過激な言葉も多く出てきますが、現代であれば脇目もふらず、一心不乱に熱中する、没頭するということであり、少々の努力ではなく、狂うくらいにやり尽くすという解釈です。

その昔、武士は己を厳しく律して生きたことで、人間の工芸品ともいわれています。時代は違えど、自分なりの律法や行動原理を持ち、それを尊いものとして貫き通すことは、必ずや自分の成長の糧になります。

自らを縛るもの、律するものがないのは単なる放縦《ほうじゅう》でしかありません。それは易きに流れることであり、自分を弱くするのです。それでは本来あるはずの可能性が埋もれてしまいます。

もし、これまでの人生で「存分に取り組んだ」という経験がないなら、ここで切り換えて、新たな意欲と目的を持って、己を駆り立ててみてはどうでしょう。人生は一回性のものです。狂うほど、取り組んでください。

●人間とは何かを描いた、永遠のロングセラー

夜と霧
ドイツ強制収容所の体験記録

V・E・フランクル　霜山徳爾《とくじ》・訳

みすず書房

池田香代子による新訳もありますが、図や写真などもあるので霜山訳を紹介しました。

本書は６００万人のユダヤ人を虐殺したホロコーストにおいて、「死の収容所」として恐れられていたアウシュヴィッツ収容所での体験が冷静な筆致で綴られている名著です。

著者はフロイトやアドラーに師事し、当時は優秀な精神科医として活躍していました。しかし、ユダヤ人であったために、妻と子と共に収容所送りとなったのでした。

貨車に80人ものユダヤ人が詰め込まれ、アウシュヴィッツに到着した途端に、「生か死か」の選別にかけられ、運のなかった人は、そのままガス室送りとなりました。

いっさいの所持品を取り上げられ、番号で呼ばれる生活が始まります。生存ぎりぎりの食糧、幅２・５メートルの寝台に９人が横になり、毛布が２枚のみ、慢性栄養失調の身での重労働、さらには看守や凶悪なカポー（囚人の中から選ばれたナチス親衛隊の手先で、ユダヤ人囚

人に苛烈《かれつ》な暴力や横暴を加えた）の気紛れからの死の脅威の中を生き抜かなければなりません。移送された人々は、ショックから感情の消滅へと進みますが、これは自己保存に必要なことでした。

自殺者を救うことも禁止され、友人がかたわらで死んでいく時でさえ、感情は働かなくなっているのです。病人になれば、確実に死が待ち受けています。

いつ終わるのかも知れない生活の中で、多くは絶望に包まれ、生きる気力を失い、高圧電流の流れている鉄条網へと走る人もいるほどでした。まさに地獄の日々だったのです。

クリスマスには連合軍の救助があると信じていた人たちは、それが妄想だとわかった時、次々と命を落としていきました。未来を信じられなくなった時、人は破綻《はたん》していくしかありませんでした。

しかし、地獄にいながらもユーモアを忘れなかったり、太陽の沈んでいくさまを眺めて、「世界はどうしてこんなに美しいんだ！」と魂を震わせる人もいたのです。このような人たちこそ、生還し得たのでした。

著者によれば、そのような人は、もともと精神的な生活をしていた人と分析していますが、自尊心を保ち、主体性を忘れなかった人たちでした。

著者は、生を諦めた仲間に解放後の使命や目標を与えて生きる意欲を促す一方、生存がわからない妻の面影を呼び起こして苦痛に耐えました。記憶をたどっている間は、いかなる苦難も意識せずにいられたという、愛の力の強さが、そこにあったのです。

「人はこの世にもはやなにも残されていなくても、心の奥底で愛する人の面影に思いをこらせば、ほんの一時にせよ、至福の境地になれるということを私は理解したのだ」

解放後、収容所で妻と子が死んだことを知りますが、記憶が生を支えていたのです。

「私が恐れるのはただひとつ、私が私の苦悩に値しない人間になることだ」

このドストエフスキーの言葉のごとく、著者と一部の人たちは、何が起きているか、どうすれば生き延びられるかを観念ではなく実践し、自尊心と尊厳を守り抜きました。

収容所生活の中で著者は「苦難と恐怖にあえぐ自分」と「起きている状況」「自分も含めた人々の反応」を精神科医として冷静に分析したのです。

「生きることそのものに意味があるとすれば、苦しむことにも意味があるはずだ。苦しむこともまた生きることの一部なら、運命も死ぬことも生きることの一部なのだろう」

そして、生きる意味を問うのではなく、生きることが私に何を期待しているかを問いかけているのであり、私たちは日々、時々刻々、その問いに答えを迫られていると語るのです。

答えは態度・行動によって出されるのだとしています。

バールーフ・デ・スピノザ（オランダの神学者・哲学者）は、『エチカ』の中で、「苦悩という情動は、それについて明晰判明に表象したとたん、苦悩であることをやめる」と語るのですが、明日の命も定かではない日常において、苦悩を受容して生活できる人は、それほどいないでしょう。

私が初めて本書を読んだのは中学生の頃でした。それはホロコーストについての書を渉猟《しょうりょう》していた時のことですが、なんて強靭な精神だろうと感嘆していました。

しかし、20数年の服役を経た今、強靭さというよりも無碍《むげ》の境地に通じる一種の超然さであり、しなやかさであると気づいたのです。

単なる強靭さは硬直につながる危険性や、誤謬を招きやすいといえます。私は自らを顧みた時、この点を猛省したものです。

脆弱《ぜいじゃく》で怠惰な精神より、強靭な精神のほうがいいという思考は、その強靭さに柔軟性がなければ、時として危険なものになり得ます。そしてそういう場合、このしなやかさに目が行かないという硬直性が、致命的な欠陥となるのです。

どんな生活もアウシュヴィッツに比べれば恵まれているのではないでしょうか。人は往々にして自分の境遇に不満を抱きやすく、何かと言えば弁解の方便に使います。

私も下獄した折りは、社会での生活と比べてあらゆることに不満や苛立《いらだ》ちがありました。

しかし、アウシュヴィッツの生活に比べれば、そんなことは問題になりません。

「それとこれとは違うだろう」ではなく、存在していることでは同じ人間です。そうである以上、現在の境遇を良しとして、所与の条件の中で最善を尽くそうと試みてきました。

現代に生きる私たちは、自分さえその気になれば、いくらでも目標を持ち、それに取り組む生活ができます。不満や愚痴を言えばキリがないのですが、そうしたところで現状が変わるわけでも、未来が向上するわけでもありません。

著者が生還できたのは、その時々の幸運もありますが、それ以上に客観的、俯瞰的な視点と受容があったことが、大きな影響を与えていたのです。この視点を持つことは、生きる上で重要なことでした。著者が電灯が切れた暗闇の中で、仲間に生きることを説く場面が圧巻です。

「あなたが経験したことは、この世のどんな力も奪えない」

灯りと共に、命が点《とも》った瞬間でした。

あの極限の中で、「苦しむことは何かを成し遂げること」「どれだけでも苦しみを尽くさねばならない」という著者の崇高で強い精神を、痛いほど感じてほしい書です。

●友との約束を果たすため人生を捧げた魂の記録

ココダの約束

遺骨収容に生涯をかけた男

チャールズ・ハペル　丸谷元人・監修　北島砂織・訳

ランダムハウス講談社

約束を守り抜くとは、まさにこのようなことなのだ、と背筋が伸びる物語です。

主人公は西村幸吉。大東亜戦争中に、パプアニューギニアのポートモレスビー作戦に参加し、オーストラリア軍との壮絶な戦闘のあと、42名の部隊のうち唯一、生還しました。

食糧もなく、マラリアに罹患《りかん》しながら、不退転の決意で戦う中、ばたばたと斃《たお》れていく戦友たち。何倍もの人員を誇る敵に追撃された際、将校は負傷して動けない兵士にひと言も告げず、撤退を決めたのでした。その戦友たちに、西村はこう言ったのです。

「もし、お前たちがここで死ぬようなことがあっても、俺たちが必ずその骨を拾って、日本にいる家族に届けてやるからな」

これが、西村にとっての誓いとなりました。

徴兵検査で甲種合格の西村が召集されたのは昭和16（１９４１）年です。翌年9月にポートモレスビーを攻略するためにパプアニューギニアに送られます。その作戦が、ポートモレスビー作戦（オーストラリア軍ではココダ作戦）と呼ばれたのです。

オーストラリア軍との戦闘は食糧と弾薬の乏しさと、マラリアによる消耗で苛酷な戦いとなりました。西村も食糧難とマラリアで、73キロあった体重が30キロになっています。

高知出身の西村は同郷の者も多く、まして厳しい初年兵教育（入隊1年未満の兵が教官から指揮、指導されること）を共に励まし合った戦友の死は、我が身を切られるような思いでした。

西村の所属していた連隊は、途中の入れ替わりも含めて７３８３人が参戦し、５４３２人が死亡しました。西村の小隊では、彼以外、全員が戦没しています。

終戦後、もともとエンジニアの西村は、数々の発明や新製品を開発し、経営者として成功しました。優れた発明家で、経済的にも十分に恵まれています。

しかし、60歳を目前にして西村は戦地での約束を守るために、遺骨を拾いに行くと宣言します。家族の賛同は得られず、全財産と会社を妻に渡して離婚しましたが、ここに迷いはありませんでした。

そうして、単身、パプアニューギニアに渡ります。テント暮らしなどしながら、遺骨を掘り出しては遺品を遺族に届けますが、戦友たちのことを思い、自ら運転する車中で寝たり、食事はビスケットと魚の缶詰めとコップ1杯の水でした。

遺骨を収容（西村は収集ではなく、収容と称していました）する過程で、数多の障害・妨害がありましたが、西村は初志を貫徹すべく、逡巡なく進みます。

しかし、遺骨は国外に出さないというパプアニューギニアの法律や、腰の引けた政治家と厚生省の役人、欲に目がくらんだ怪しげな日本人と現地の地主たちなど、西村の志を阻《はば》むものは枚挙にいとまがありません。

さらには、せっかく遺族に遺品を届けても、引き取りを拒否されたり、金目当てかと疑われることも一再ならず、西村は無念の思いを抱きながらも遺骨収容を続けていきます。

西村には、戦後の日本社会に対して憤懣《ふんまん》やる方ない思いがありました。水も食糧もなく、マラリアとの戦いも抱え、故国を偲びながら力及ばず斃れた戦友たちのことなど、まるでなかったような戦後の日本社会の態度・空気が納得できなかったのです。

映画『硫黄島からの手紙』を製作したクリント・イーストウッド監督の「2万1000人の命を失っておきながら、そのことにまったく関心がない。アメリカでは考えられないことだ」という言葉が本書で紹介されていましたが、西村の胸中を代弁しています。

それにしても、この西村という男の自分の言葉・約束に対する至誠は尋常なものではありません。ただひたすらに己の信条に忠実に生き抜いています。

日本と現地を往復すること40回、費やした費用は4億円ともいうのですが、周囲との軋轢《あつれき》を意に介さず、いっさいの損得も顧みることなく、己の初心を貫きました。

病に蝕《むしば》まれた80歳の体で自らハンドルを握り、13時間もの運転をして遺族を訪ねています。泊まっていけと言われても車中の布団で寝るという一徹さです。

約束を果たすために、すべてをなげうつ姿勢に、私は畏敬の念を抱きました。

約束を守る。自らの言葉に責任を持つというあたりまえの価値が、軽視されている感のある現在だからこそ、尊い行為、決断です。

安定した暮らしの中に埋もれることを良しとしない、己に厳しい気概に、思わず姿勢を正し、身が引き締まります。

「あの兵士たちは地獄に放り込まれて死んだんです。自分の状況を彼らと比べたら、骨を掘って二六年を暮したなんてなんでもない、死んだ彼らを思えば、これくらいして当然です」

と西村は淡々と語るのです。常にあの苦境での戦友の姿がありました。

私は西村に、世間の嘲笑や批判をものともせずに、ひたすら己《おの》が心の命ずることをまっとうしようとしたドン・キホーテの面影を見ますが、それは骨稽《こっけい》さでも喜劇でもなく、時代の思潮に埋もれた至情といえます。欲も得も世評も気にせず、己が決めた道を突き進むという生き方に、わずかでも共感してほしいのです。

西村は26年かけて、中隊３６５人の戦死者のうち、３４９人の遺族を探し当てて墓参りをしました。

事の是非を超越した強烈な使命感、命の使い方に圧倒され、教えられました。

損得を顧みることなく、安寧《あんねい》も捨てて愚直に約束を果たすという尊い価値観と衷情《ちゅうじょう》に、人としてこうありたいものだという思いが募るばかりでした。

●終戦の翌日、海軍予備学生が自裁したのはなぜか？

遺書

森崎 湊《みなと》

図書出版社

刊行が昭和46（１９７１）年と古く、手に入りづらいでしょうが、その時は是非、図書館で探すなりして目を通してください。それだけの価値は十分にあります。

本書は海軍予備学生で終戦の翌日未明に自裁（自害）した森崎湊の16歳から20歳までの日記の抜粋です。多感な時代に国難の渦中にあった少年の純粋さが際立っています。

「除夜の鐘をききつつ、去りゆく二千六百年との惜別。（略）少しでもおれの魂は高められただろうか。（略）おれはもっと高くならんと坂口君とまじわることは不可能だ」

少年は皇紀２６００（昭和15）年の歳末に己の安逸を戒め、友人との差を認め、改めて生き方を自らに問うのです。16歳の少年は、真摯に生きることを求めています。

この後、彼は人格の基礎や〝第二の天性〟とも言うべき習慣に目を向け、己を磨こうと励みました。この年齢において、魂や人格というものに重きを置く人生観と、また時代の趨勢《すうせい》を洞察する点においても、見識の高さをうかがわせます。

「世界はまさに行きづまった。十八世紀以来の無理のある体制の存続はもはや許されなくなった。（略）もっともらしく主張されてきたところの自由主義とはいったい何か。これことごとく個人主義である。個人主義は世界的にいえば弱肉強食の正常化だ」

「白人たちの『自由』のために黄色人黒色人たちはいかなる待遇を受けきたったか。彼らはアメリカインディアンにいかなることをなしたか。インド四億の民衆はいかに。隣邦中国の五億の民衆はいかに。（略）ここにあたってアジアを救いだすべき大使命を痛感して身ぶるいするのは誰か。（略）世界新秩序の構想は、あくまで万邦協和を理想とした道義的体制である。東亜における各国家民族がそれぞれ安住のところをえ、善隣友好、たがいに援助協力しあって、おのおのその天分をまっとうし、興隆発展するというのがわれわれの庶幾《しょき》する東亜の新秩序である」（庶幾とは、こい願うことを言います）

大東亜戦争開戦1カ月前、17歳のときです。森崎少年は多感な若者でありながら、戦争の本質を的確に捉えています。物事を公正に見る眼力と判断力を備えていたのです。

「日本はもともと支那を討つ意図は毫《ごう》もないはずである。むしろ支那を欧米の搾取から救って、支那民衆を欧米国家の奴隷的水準から人間的水準に引きあげたい、そうしてともに手をたずさえてアジアをアジア人のアジアにとりもどしたい、二度と戦争のないアジアを建設したいという道義心以外の何物ももつべきではない」

さらには中国との戦争が長引き、メディアも国民の多くも、「暴支《ぼうし》膺懲《ようちょう》」と中国を非難している思潮の中で、冷静に考えられる森崎少年の世界観は、付和雷同する大人を凌駕《りょうが》しています。

「もうきめたと思った、よしゆこう、兵隊になろう。祖国艱難のとき、戦線に立って討死すれば、男児一代の本懐。もし万死一生をうれば、ふたたび還りて、真の実学にうちこもう」

彼はもとから軍人になることを考えていたわけではありません。彼の成績であれば、士官学校も望めたのです。しかし、国の危急存亡を感じて、至純の血が沸騰しました。兄も軍人で戦地にいることも影響していますが、一方的に敵国の米英を憎悪するのではなく、あくまでアジアの平和と日本のことを一心に思って決心したのです。

自らが病に伏した際、国費で高額の治療を受け、その費用が農民の税からなっていることを思い、心苦しくなるという純粋さにも胸を打たれます。彼は絶えず己の行為を顧みては、叱咤激励し、戒めることを忘れません。自らが希望する克己の人なのです。

軍人を志願するにあたり、気がかりだったのは老いた両親のことでした。悶々と悩む間に弟の東《あずま》までが予科練（甲種飛行予科練習生）の合格通知を手にします。兄も弟も、そして自分も戦死したならば両親はどうするのだろうか。弟の合格を知った日から、母親は飛行兵にゆくなと言うばかりでした。その姿を見るたびに心は大きく揺れ動きます。

「おれはおのれを殺して東だけなりと生きてもらって、両親の老後をみてやってもらいたかったのだ。そしておれを安心して、安堵して働かせ死なせてもらいたかったのだ」

胸裡で弟に詫びつつ、彼は三重の海軍航空隊で終戦を迎え、未明に世話になった人々に遺書を残して自裁しました。波打際に端座したまま、作法通りに腹を切ったあと、左頸動脈を切り、心臓を突いて東方を拝する姿勢で絶命していたのです。

自分が生き長らえれば、必ずや何か策動して和平の大詔《たいしょう》に背くだろう、というのが理由でした。

国のために役に立てず、手柄も立てられなかったことを両親に詫びていました。

信念・信条を前にしたとき、「死は鴻毛《こうもう》より軽し」という生き方こそ男子の本懐です。これこそ私が信奉するものでした。すべてをなげうち、信念を貫くことには万鈞《ばんきん》の重みがありました。

このあたりは、現代人からすれば、いささか直情径行に映るでしょうが、私は彼が自分の思いに正直過ぎたがゆえに、己を追い詰めたと解釈していますし、その純粋さに清廉という言葉を添えたいのです。自らの義に殉じたともいえます。

彼には当時、イデオロギーの巨人とされた北一輝の主張でも、その是々非々を考えて、むやみに有り難がるという拙劣《せつれつ》さがありません。支那人や朝鮮人への蔑視も差別もなく、個々の人間として捉えています。あの時代にそれができた精神の廉潔さは見事でした。

当時の社会に蔓延していた風潮に流されず、中国をアジアの同胞と語る公正さ、正義感に不羈《ふき》独立した精神を見ました。このような自律心は生きるうえでの根幹になり得ます。

彼にはどこか、『ジャン・クリストフ』のクリストフに通じる部分がありましたが、功利や損失ではない、己の心が望むことへの率直さと真摯さに、士《さむらい》の心があります。

現在の価値観で判断することなく、日本人としてのあり方・生き方を認識させられる書です。

●「幸せ」の研究の第一人者が語る52のレッスン

ハーバードの人生を変える授業

タル・ベン・シャハー　成瀬まゆみ・訳

大和書房

ポジティブ・シンキング。

私が固定給なしのフルコミッションセールスを始めた19歳の時、この言葉を知りました。

自分に起こった出来事について、前向きに捉える思考と教えられたのです。

以来、この言葉を数限りなく見聞きし、無意識下のうちに刷り込まれるように生きてきましたが、本書はこの思考を実生活に取り入れるための優れた助言の宝庫でした。

冒頭で、本書のワークを実践すれば、「生産的知識」を育めるとありました。「生産的知識」とは、「単なる知識ではなく、自分たちをとりまく世界をよく理解して、状況にうまく対処するための知識」を指しているのですが、本書は期待を裏切りません。

52の項目があり、最初に「感謝すること」とあります。それによってよく眠れ、運動できるようになり、身体的不調も減るとありました。そのための行動として、感謝ノートを作ると示されているのですが、本書の構成は、このように実践的行動が提示され、理屈だけで終わりません。

服役して、私は他者との関係や自分のあり方を再三考えた結果、感謝の心を持てることが、どれだけ自分を快くし、感情の状態を良くするか痛感したものです。同じ出来事に対して無関心でいるか、感謝の念を抱けるかは、天と地の差があります。

現在の私は、日々、いかに平穏に暮らせるようにするか、半ば実験のようにして生活しているのですが、何か（誰か）に感謝する、そして、些細なことでも喜べるというのは、人生をより良くする大きな要素になっています。

「変化するために必要なのは、自制心を養うことではなく、習慣を取り入れることだ」という言葉が紹介されているのですが、より良い仕事・生き方を実践するためには、自身を変えなければならない時もあります。

本書では、習慣にするためには、「確固たる価値観に基づいて、決められた行動を、特定の時間に行なうことが必要である」と助言していました。

その具体的方法も述べられていますが、それらはどれもやさしく、すぐ実行できるものです。

「野心的になりすぎて失敗するよりも、緩やかに変化し続けるほうが好ましい。成功は、それ自体がさらなる成功の源となる」という言葉は至言です。

「思いやり」の項では、自分と他者のどちらかの利益を選ぶという思考ではなく、人を助けることと自分のために行動することの関係性について、目を開かせてくれます。

他者の役に立つほど、私たちの幸福感は大きくなることを、私は獄で実感しました。

「心から人の役に立とうとすれば結果として自分自身のためにもなるということは、人生における最も美しい報酬のかたちである」というラルフ・ウォルドー・エマソン（アメリカの哲学者）の言葉は、今の私には深く共感でき、平生も意識しています。

「あきらめずに立ち向かうことは、勝ち負けや、失敗か成功かという結果よりも、自尊心にとって、長期的にいい結果をもたらすのです」

「実際に失敗したときのつらさよりも、失敗するかもしれないと感じるときの恐怖のほうが、じつは私たちを痛めつけるのです」

「失敗は人生の自然な一部分であり、成功につながる欠かせない要素」

そして失敗を楽しめないとしても、自然なこととして受け入れ、活動を楽しむことをすすめていますが、とても重要なことです。失敗を恐れた時点で、すでに失敗に向かって歩を進めているのだということは、失敗常習者を見ればよくわかります。

「幸福というものは人生における客観的な出来事で決まるのではなく、出来事をどのように解釈するかという主観的な心の働きによって決まる」

「自分たちの無知を心から受け入れることができたら、知らないものに対する不安を、畏敬や驚きという感情に変える準備ができます」

取り返しのつかない過ちを犯し、来し方を省察し続け、さらにこの年齢（56歳）になると、本書で述べられているこれら一つひとつのことに納得できました。しかし、若い頃だったならば、理論として知っておくことはできても、実践しなかったはずです。

その大きな理由は自我であり、自分の価値観や思考に誤りはないという無謬《むびゅう》性の頑《かたく》なさでした。

本書にあるように、起きた現象や周囲の状況に対する受け取り方や見方を柔軟にできていたら、人生の質も結果もまったく別のものとなっていたでしょう。

より良く生きるために、あるいは目的を達成するために、役に立つことが周囲にあったとしても、自身の思い込みや心の硬さで見過ごしているケースは少なくありません。

意思が強い・堅いというのと、心の硬軟は別のことです。進化の過程で淘汰された恐竜のように適応（変化）できないというのは災いとなり、己を滅ぼすことになります。

中には変われない、変わりたくない人もいるかと思うのですが、そういう人の心には、それまでの自分から離れる恐怖や不安、変わった時に自分にとってプラスである保証を求める心があるのではないでしょうか。そうならば考えるべき点があります。

結果として何かプラスになる、ならないではなく、変わろうとする過程そのものに、成長という果実があるのです。

成長したいと思いませんか？　そして自分だけではなく、周りの人にも良い影響を及ぼす存在になりませんか？　私はいくつになっても、その気があればそれは可能だと知りました。

あのトマス・ハックリーは語っています。「人生でいちばん大事なことは、結局、知識ではなく行動だ」と。

●物質文明に惑わされてないか？　日本人の心を問う

生くる

執行《しぎょう》草舟《そうしゅう》

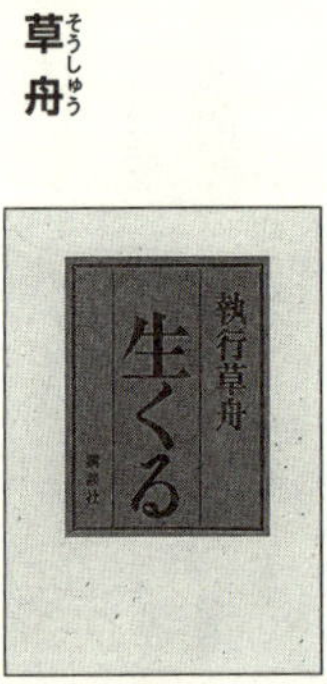

講談社

「血で書かれた書物以外は読むに値しない」

本書を読み進めた時、ニーチェのあまりにも有名なこの言葉を想起しました。

もし、言葉や書物に質量があるとすれば、本書の重みと密度は並外れたものです。

「理解しようとするな、わからぬままに突き進むのだ」「読書とは、歴史と自己が織りなす、血と魂の触れ合いである」「与えられていることに気づかず生きれば、人は貧る」「自由に見えるものは消え失せるが、制約は創造性を引き寄せる」「憧れを持て。生の痕跡をこの世に刻め」「自信を持てば、破滅が始まる」「志とは、そのゆえに死することである」「いかなる魂を摑み取るか、その選択が個性を創る」「生命を哭《な》かせる者に、躍動はない。怒れ、しかし込み上げる感情を凝縮せよ」

　これらは目次の一部ですが、見た瞬間に中学生の時に出会って以来、多大な影響を受けた、ある書を思い浮かべました。この両書には血涙の匂いを感じたからです。

その書とは、本書でも紹介しましたが『葉隠』でした。

そこには論理や思弁だけではなく、覚悟を常の友とした生き方からしか醸《かも》すことのない凛とした香気があり、著者の言葉の立て方にそれを濃厚に感じました。

7歳の頃から『葉隠』を読んできた著者は、消費社会に懐疑の念を持ち、生命の燃焼を軸とする新しい生き方を提唱し、「生とは何か」を追究し続けているのです。

劈頭《へきとう》、「わからぬがよろしい」という節では、何もかもわからなければ気がすまなかった著者が、わかろうとしなくなったがゆえに、わかってしまうという逆説的境地を説いています。何であろうと論理的に納得しなければ正しくないと断じる人も少なくないでしょうが、そのような人にこそ、目を通してほしい書です。

読書については「現実の物質世界において、本当の自己の価値を見出すには、先人たちとの魂の対話を通して、真の孤独者であらねば、何も始まらないことに思いを馳せなければならない」と語ります。

「食わない人間」と「食えない人間」について触れ、「食わない人間」とは自らの人生を自らの責任で考え、環境・条件にかかわらず、能動的に自らの生命燃焼を考えていく人としています。何でも他のせいにするのではない、自律性を示唆するものです。

「志は士の心と書く。士の心とは何か。命よりも名を惜しむ。これが士の本来の心と聞く。名とは、自己を自己たらしめているもの、つまり生の本源に対する名誉心と言っておこう。自己を自己たらしめている生命エネルギーと呼ばれる生の本源の方が、肉体の命よりも大切なものだとする考え方になる」

私は小さい頃から目標や志を持ってきたと疑わなかったのですが、どこでどのように間違えたのかを、考え続けてきました。

道を外れた主因は、自分に誤りなどなく、また決めたことはどうなろうとも実行するという、狂信的な思いからでした。たとえそれが倫理から逸脱していようと、自己の信条を優先させるというエゴがあったのです。

もしその時、名を惜しむ心があれば、結果は違っていたでしょう。自分の偏狭さを悔い、著者のような大きな視点を持つことを身をもって学びました。

私は自分の命はどうでもいいと思っていますが、それは父の生き方に影響を受けたことが大でした。

戦後の無法社会での父は本物の無頼漢で、何度も命を狙われ、そのたびに闘ってきました。

敵に後ろを見せることなく、掌《てのひら》に弾丸を受けても向かって行くような人だったのです。その辺の無頼漢とは別の次元の生き方を誇ってきた人でした。

そんな父の口癖は「人間、いつか死ぬんだ。早いか遅いかだ。何で信念を曲げてまで生きなきゃならんのだ。曲がるような弱い根性なら死んだほうがましだ」というものでした。

父の言う「曲げる」には「逃げる」という意味も含まれています。拙著の『夢の国』(朝日新聞出版)にも書きましたが、父は良くも悪くも己の本能・欲望・実力だけで生きてきた人だけに、この言葉には重みを感じていました。

私は父の言葉を耳にしながら、なおかつ読書によって戦国時代の武将やその子どもの生き方に触れたことで、もっとも大事なのは己の信念・信条・目的に生きること、と決意したのです。

以来、自分の命など鴻毛《こうもう》のごとしと、周りの人からすれば、狂っているとしか思えない行動や失敗を重ねてきました。もしそのような生き方ができなければ、自分は必要のない存在であるとしか考えられなかったのです。

学生時代から社会人になりたての頃は、人生や生き方について多くの書を読みましたが、私の心中にはエゴがあり、自らの信念を肯定することだけを受け容れていました。

服役してからは、極力、虚心に読んできたつもりでしたが、理屈として肯定できても、それは心に深く浸透することは少なく、著者の熱を感じたことは稀だったのです。

しかし、本書は著者が若い頃にいかに考え抜いたか、苦悩の中で真理を追い求めたのか、その身を傷つけ、流れ出た血潮を浴びるがごとく、伝わってきた書でした。

私は一度口にしたことは、身の破滅を招くことであろうと、平然と実行できる自分でありたいと生きてきましたが、覚悟を抱き、人格の陶冶《とうや》も含めて生きるとは何かと、孜々《しし》として倦《う》まずに歩んできた著者の姿勢に感服しました。

本書にあるように、野蛮でありながら高貴であるとは、現代の日本においてどのような人間か、垣間見たともいえます。

目を通せば伝わってきますが、一つひとつの言葉が持つ熱量は尋常ではありません。

著者はさまざまな事象について述べていますが、そこに通奏低音としての共通性が見られ、私も近年、同じことを感じていたのです。

それは余分なことを捨て去ることでした。そして、もう一点は何を捨てるべきかを適確に判断できる心を養うことです。この著者の言葉は生きるうえでの極意になります。

著者は自らの思想と古今東西の先人達の言葉を縦横無尽に紡ぎ、目の詰まった絹織物を作るがごとく語ります。

読み進むあなたの血と魂が、熱を帯びることを期待します。著者の書では、『友よ』（詩）と『根源へ』（ともに講談社）もあり、こちらも是非、一読してほしい書です。

●自分にしかなり得ない何者かになるために

ジャン・クリストフ 全4巻

ロマン・ローラン 豊島与《よ》志《し》雄《お》・訳

岩波書店

本との出会いは、人間の出会いと同じように、そのタイミングが深く影響しています。

私が本書を読んだのは中学3年生の時で、何か自分が望んでいたものを発見したような、喜びや心の震えがありました。中学校に入ってからずっと胸の中に積もっていたものが、「これだ、この生き方なんだ」と具体的な言葉、物語として顕在化した瞬間でした。

主人公のクリストフが成長して同年代となると、その一本気で打算のない、かつ無鉄砲ともいうべき行動は、私がもっとも信奉していた生き方でもありました。

物語は、音楽一家の長男として生まれたクリストフが、幼い頃から音楽の英才教育を受け、その道で成長し、成功を目指すというものですが、その道には世間の賞賛だけではなく、非難・中傷などさまざまな障害が待ち受けています。

しかし、クリストフはどんな時でも自らを信じ、肯定して歩みを止めません。

温かい祖父、音楽の才能を持ちながら身を持ち崩す父、優しく清い心を持つ母、性格の合わない2人の弟がいる家庭で、クリストフは父に殴られながらピアノを習います。これが、父に殴られ、意図せずも鍛錬になっていた自分自身を彷彿とさせるようでした。

冒頭で祖父が、「正直な男ほど、りっぱなものはない」とまだ小さなクリストフに語ります。「へえ、オヤジと同じこと言っている」と、野蛮な父でもまともなことを言うことに、少し感心したものです。また、祖父はこうも語ります。

「人生の第一のことは、おのれの義務を尽くすことだ」

この「おのれの義務」とは、自分にとって何だろうと考えたことが、今でも鮮烈な印象となって残っているのです。

読書ノートをつけていましたが、大きな太文字で書いたのを昨日のように感じます。自分の気持ちが、この言葉に表現されていました。

クリストフは、祖父とオペラに行って大きな衝撃を受けます。そして、いつかあんなものを書こう、いつになったらできるだろうかという憧れと焦燥感にも似た思いを抱きます。

私も何の才能もない身でありながら、将来、何かをなしてやるという、青々《せいせい》とした野心を持っていたので、クリストフのこの思いに強く共鳴したのでした。

「クリストフ、俺もなってやるぞ」と友に話しかけるように読んでいたあの頃の自分の思い込みの強さには、われながら笑いが込み上げますが、決して嘲笑ではありません。

1巻では「人は幸福になるために生きているのではなく、自らの掟を履行するために生きている。そのために苦しめ、死ね、しかし、汝《なんじ》のなるべきものになれ」という趣旨の一節もあり、私の全身の血が沸き立ったものです。

「これはすごい本に当たった」という興奮が、この短くない物語を短編のように感じさせてくれました。

クリストフが成長していく中で、多くの人との出会いがありますが、直情径行ゆえに一気につき合いが深くなるのも、当時の私には愉快でした。相手を計ったりせず、好きなら一途に、というのは本能のようなものとして、私も大事にしていたからです。

クリストフの魅力は、とにかく己の信念に忠実に生きていることです。世間の評価やルールは気にしません。自らの心が求めるものを率直に、真摯に追い求めます。

これこそ、私にとっては生きていることで、もっとも尊重すべき営為なのです。

クリストフばかりではなく、物語の背景にいる人々も自分たちの権利に目覚め、社会が大きなうねりとなって、熱を放っています。そのダイナミズムが物語を壮大な叙事詩へと昇華させているのです。

今回、56歳の私が読みましたが、このダイナミズムは14歳の頃と変わっていませんでした。若い時に胸底に深く突き刺さった作品を、大人になって再読するのは一抹の恐れがあります。以前のようなときめきがなかったら……、という心情のことです。

しかし、本作品はそんな思いなど杞憂にしてしまいました。

「僥《ぎょう》幸《こう》の生を求めるくらいなら、生きるのをやめたほうがいいでしょう」

「死ななければならないとすれば立ちながら死ぬべきである」

この2つの言葉は、己の信条・目的のために生きられなかったら、自分は必要ないと決めていた、当時の私を喜ばせる言葉だったことを思い出させてくれました。

やっぱり、いい作品だなあと思いつつ、一生、自分にしかなり得ない何者かになるために生きると決めた少年の頃の自分がなつかしいです。いい出会いであり、幸運でした。

自分にしかなり得ない何者かになるため、「人は各自に義務を持っているのだ」という物語を、若い人に、そうでない人にも是非、読んでほしいものです。

「僕を苦しませるがいい……。苦しむこと、それもやはり生きることだ！」

クリストフの言葉が、情熱が、いつでもあなたを応援してくれることを願ってやみません。

Column

「速読」と「精読」の方法と、本の読み方について

初めに序文・目次・あとがきと全体を見て構成を把握しますが、この時に速読か精読かを決めます。

精読はなんと言っても小説です。ストーリー、文章表現、セリフ、描写の勉強を兼ねてじっくり（でも速く）読みます。ハウツー本などは何分から何十分という単位で読了します。

読書をする際に意識すべきことは「いつ」「どこで」「誰が」「何を」「どうしたか」「それはなぜ」を明確にしながら読むことに尽きます。

速読は訓練というより慣れに近く、ページ全体を写真のように視野に入れ、知りたい部分が浮き上がってくるというイメージです。

前半で著者の文章の癖をつかんでしまえば、冗長な部分は流して読むのも容易です。

ストップウォッチを利用し、限られた時間の中でどれくらい読めるかを記録することをおすすめします。

「ローマは1日してならず」。たゆまず続けることです。何年後かの成果を考えた時、やらないよりはいいのです。

ただし、記憶に残らないような速読はしないほうがいいでしょう。星の数ほどある本の中から、その1冊と出会った以上、内容をしっかり把握することのほうがはるかに重要です。

第3章

「愛」を感じるために

●オオカミと共に過ごした愛の軌跡と人間観

哲学者とオオカミ

愛・死・幸福についてのレッスン

マーク・ローランズ　今泉みね子・訳

白水社

編集者から私の柄にもない「愛」というテーマを提案された時、即座に2冊の書が頭の中をよぎったのですが、本書がそのうちの1冊でした。

哲学者である著者は、１９９０年代の大半と２０００年代初めの11年間をオオカミと暮らしました。その間にオオカミから感じたこと、教えられたことを、人間の価値観や生活と対比させて「愛・死・幸福」について哲学的に論考しています。

ニーチェ、ハイデガー、カミュ、デカルト、クンデラなどの言葉を援用していますが、決して難解なものではなく、平易な文章で綴られています。読み進めながら、一緒に考える楽しみもある書です。

アラバマ大学の哲学の准教授である著者が、地元の新聞に「九六パーセントのオオカミの子ども売ります」という広告が出ているのを見て、出かけるところから物語は始まります。

その日は見るだけにするつもりでした。しかし、「丸っこくてやわらかく、毛むくじゃら」の「小熊ちゃん」を見た瞬間、即座に連れて帰ることにしたのです。雄の生後6週間のオオカミの子は、ウエールズ語で王を意味する「ブレニン」と名づけられ、その日から独身の著者と暮らし始めました。

このブレニン、片時も目が離せません。なぜならば、家の中のあらゆる家具や設備を軽々と壊しまくるからです。

初めて連れ帰った日、早速、その〝洗礼〟を受けた著者は、ブレニンと暮らすうえでのひとつ目のルールを決めました。

「どんな状況下でもブレニンを決してひとりで家に残してはならない」

そんなわけで、ブレニンは大学の講義にも出席します。教室の隅で居眠りするのですが、「講義が退屈になると、体を起こして、遠吠えをあげた。こんな習慣があるから、学生たちから愛された。学生たちも、同じことをしたいと思っていたに違いない」と叙述されていました。全編を通して、この抑えたユーモアが笑いを誘います。

時には、ちょっとした事件を起こすことも愉快です。

時々、「脚のストレッチのため」に学生の机の間を歩きますが、ある日、女子学生のリュックサックに頭を突っ込み、顔を出した時には弁当をくわえていました。

そこでシラバス（講義予定表）に、ブレニンのための条項が加えられることになったのです。

「注意事項　オオカミを無視してください。オオカミはあなたがたに何もしません。ただし、バッグの中に食物がある場合には、必ずバッグをしっかり締めてください」

著者の趣味であるラグビーの試合後、チームメイトと酒場に出かけるブレニンは、女性を引きつける磁石と化し、もっとも活躍したＭＶＰ選手が、ブレニンのそばにいる〝権利〟を得るのです。

本書では、ブレニンの行動を冷静に観察し、人間の生き方や時間の過ごし方と比較しながら、著者は哲学者らしい分析をします。

しかし、ブレニンがガンになり、症状の悪化と共に苦しむ時、著者は苦痛を与えてまで介抱する自分の行為に悶々と悩むのでした。もしかすると、ブレニンとの間に築き上げてきた情愛と信頼関係にひびが入るのではないかという恐れや不安からです。

また、オオカミであるブレニンが、ただ生き長らえている状況を望むだろうかという思案と葛藤もありました。

小康状態にあるブレニンと過ごした時間は、抑えた筆致でありながら、読む者の心の琴線をかき鳴らします。

このような経験を通して幸せとは何か、死とはどういうことか、愛とはどのようなことなのかを、著者は考え続けました。

これらの「愛・死・幸福」については、本書でたしかめ、自分の経験と合わせて考えてみる価値があります。

ブレニンへの愛は、見返りなど期待しないものでした。

私たちが誰か（何か）を愛する時、対象が人間以外への愛情は、ほとんどの場合、見返りを期待しないものですが、それが愛情の本来の姿です。ただ一途に愛おしむ、慈しむという、誰もが優しく温かい情動でいられる瞬間でもあります。

たとえば、社会の人が恐ろしいと感じる凶悪犯が集められている長期刑務所の受刑者ですら、動物が出てくるテレビ番組に眼を細め、動物に対して、普段の生活では見せたことのない表情を示したり、情の込もった言葉をつぶやくのです。

「動物好きには悪い人はいない」という言葉の真偽のほどは別として、何かを愛おしむ感情は、その人を天使にするようです。

しかし対象が人間になった途端にエゴが表われ、相手に過大な要求をしたり、自分本意の反応を望むようになり、その通りにならなければ、憤りや失望などの感情を呼び起こします。

著者とブレニンの関係には、「愛情」を捧げることの基本が描かれていました。

「夢で会おうね」

これがブレニンへの最後の言葉でした。

その後、著者は結婚して、男の子の父親になりました。ありし日のブレニンを偲ぶ著者は、息子に最高の名前をつけたのでした、ブレニンと。

●谷崎文学の傑作。揺るぎない愛と信頼の究極の形

春琴抄

谷崎潤一郎

新潮社

物語には、大阪の裕福な薬種商の次女である春琴《しゅんきん》（本名は琴）と、彼女に一心に仕える奉公人の佐助《さすけ》の2人の人生が描かれています。この佐助の仕え方が尋常ではありません。

文政12（1829）年生まれの春琴は、「幼にして穎悟《えいご》（賢いこと）、加ふるに容姿端麗に

して高雅なること譬《たと》へんに物なし。四歳の頃より舞を習ひけるに挙措《きょそ》進退の法自ら備はりてさす手引く手の優艶なること舞妓も及ばぬ程」と形容される娘です。

「されば両親も琴女を視ること掌中の珠の如く、五人の兄妹達に超えて唯ひとり此の児を寵愛しけるに、琴女九歳の時不幸にして眼疾を得」とあり、春琴はいくらも経たずして全盲の人となりました。

それにより、舞を断念して、琴・三味線の道を志すようになります。稽古のために師匠宅へ行く時につき添うことになったのが、奉公して間もない佐助でした。

春琴9歳、佐助13歳の時ですが、佐助には春琴を崇拝するような心情がありました。

こうして2人は、この後も一緒に生きていくことになるのですが、春琴は佐助と2人でいる時はわがままで気の強い娘となります。本書では驕慢《きょうまん》と形容されていましたが、そのエピソードがいくつも示され、佐助のひたむきな献身ぶりが際立つのです。

20歳で三味線の師匠として独立した春琴を世話するため、佐助も共に暮らしますが、十数年後、侵入した賊により、春琴は顔に大火傷を負います。やがて顔の包帯を取る日が近づいてきた時、春琴は佐助に心情を伝えました。

「お前にだけは顔を見られたくない」と言われた佐助は、自ら縫い針で眼を突いて失明したのです。それを告げた時に春琴は、「佐助、それはほんとうか」と言い、長い沈黙が続きます。この沈黙の間に、佐助はあとにも先にもないほどの喜びを感じたのでした。

この後も佐助は見えない目で、春琴の世話と三味線の師匠をしながら暮らします。明治19年に春琴が58歳で没し、明治40年の命日の日、佐助は83歳で他界しました。

冒頭に2人の墓の様子もありますが、春琴の墓石の高さが6尺で佐助は4尺でした。佐助は死しても尚、春琴を主として崇め、かたわらに眠っているのです。

2人は心身共に夫婦同然の暮らしをしながら、最後まで主従の関係を貫きました。佐助が自ら失明することを決めるまでの葛藤には触れていませんが、おそらく喜びがあったはずです。春琴のためならどんな自己犠牲も厭《いと》わないことが、佐助の生き甲斐となっていますから、その後の不自由さなど大したことではありません。

低俗な愛ならば、互いに相手に対する行為や好意に見返りを欲します。好意の返報性や互酬性は、人間文化に不可欠であること以外に、自我の欲求するものだからです。

自分がこうしたのだから相手も自分にしなければならない、こうしてほしいという利益を求めることは、恋愛に見えるようで、その本質は商行為に近いものです。

自分が相手にしたサービスを、自分の主観で査定して代価を請求する。そして、受け取りが少なければ、途端に豹変して不足分を取ろうとするのを商行為といいます。

相手のことを好きだという感情に、相手も応えてほしい、応えてくれなければ責めるということはエゴであり、とても愛とは呼べるものではありません。

愛や奉仕は、一片の見返りを求めないことです。私はそう思っています。

何らかの返報行為がなければ失望するという心のあり方は恥ずべきものですし、不純物が混じり、愛とは呼べないものとなります。

太宰治は「愛は最高の奉仕だ。みじんも自分の満足を思ってはいけない」とまで語っていました。

見返りを求めなくても、相手のために行うこと自体が喜びであり、それだけで十分な見返りになっています。赤ん坊やペットに無条件にする時の思いに近いのかもしれません。

初読は中学生の時でしたが、その時は自己犠牲と、春琴の身勝手さを不快に思った印象がありました。しかし、成人してから読んでみると、外形的・現象的には佐助の無私が見えますが、そうではないものを奥に感じたのです。

尽くすこと、奉仕すること自体が佐助の喜びと充足につながり、それがそのまま存在意義になっているのでした。

春琴にしても同じことが言え、気難しくわがままですが、これは佐助への揺るぎない信頼と愛情を基にした甘えの表われといえます。

佐助の愛は無条件に捧げる愛でした。そして、春琴もさせてやることが、与える愛になっています。それができるのは双方の信頼の強さからです。

このような関係なので、盲目になった佐助が、「この世を極楽浄土のように思った」という心情がよくわかりました。

人は生きていれば、若い頃の容色も衰えてきます。しかし、盲目の佐助にはそれが見えず、観念の中にいる春琴は永遠の美しさのままなのです。火傷で醜くなったであろう春琴を独占できるという思いも否めません。

春琴が生きていくには自分が必要とされているという思いも、佐助の献身を喚起していますが、春琴の死後もその思い出と共に生き、墓石も低いものにしたというところに、佐助の思い、忠実さが表われているのです。

こんなにも愛情を向ける人がいたという人生は、盲目であろうと、貧しかろうと実に麗しい一生といえます。

ここからは余談ですが、この作品を発表する前年に、著者は大恋愛中でした。

谷崎という人は恋愛については何かと話題が尽きないことで有名ですが、互いに配偶者のいる身で、最後の妻となる松子に熱誠を込めた恋文を送っています。

「御寮人様と結婚致候上は世の常の夫婦の枠には存ぜず、御寮人様を御主人様と存じ何事も不平がましき事を不申《もうさず》、忠実に御奉仕申上べく候」

他にも自分の生命や財産・収入のすべてを松子の所有にするという一札を送っていました。このような心情にいた著者にとって、この作品は己の思いを投影するものだったともいえます。相手に尽くし抜くことこそ、至情の愛と捉えていたのかもしれません。

そろばん片手に投資とリターンを計算するような卑しい恋愛ではなく、生まれたからには己のすべての衷情なり至誠を、ひたすらに注ぎ込むような恋愛をしたいものです。見返りは、相手を愛すること自体として、悔いのないように。

●恋愛、友愛、家族愛の本質が見えるピュアな恋愛小説

コッコロから

佐野洋子

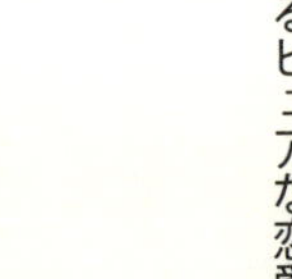

講談社

生まれてから21年間、恋と無縁だった女の子の恋の物語です。

「そうなのよう、美人だったら、泣いたら顔がこわれるもんねぇ。この子最初っからこわれっ放し」

主人公の亜子は、母親からこのように言われる容姿で、自分もそれをコンプレックスとして、生きてきました。自称、羽二重《はぶたえ》もちのような顔と言っています。

しかし、「私は、苦悩と共に生きていたにもかかわらず、愛情にまみれっ放しだった」と言うように、両親も祖父母も、「あんころもちを手の中でころがすよう」に、可愛いがってくれ、叔母に至っては、「なめくりまわした」ほど愛されて育ったのです。

亜子は人から意地悪されたことはなく、友達も山ほどいます。それについて自分では、私の顔は他人が安心する、心休まるものらしいのだと感じているのでした。

「私は幼くして、美しいものは人を不安にさせるという哲学を学んだ」

亜子は小さくてぽっちゃりしていて、まんまるで、すべてのつくりが小さく色白です。兄が修学旅行で買ってきたこけしを見て、そっくりだと知りました。

その亜子に、彼氏ができたのです。それもジョン・ローン似で東大法学部に在籍し、家は世田谷の豪邸というお坊っちゃんで、およそ男として非のない存在でした。

その沢野正則、なみいる美女に目もくれず、亜子を可愛い可愛いと気に入ります。

亜子は初めて花をもらったり、デートに出かけるのですが、その時の心情が素朴で率直で、読む者までが手放しで共に喜び、応援してしまうほどです。

初デートの日、純白のカマロ（カマロというのがユニークです）で迎えに来た正則は、紳士らしくドアを開けて、亜子を助手席に乗せたあと、行き先の希望を尋ねます。

「どこへ行きたいって」と亜子は答えました。

「ドーヴァー海峡、崖を見るの。じゃなかったら、サハラ砂漠」

この2人の会話は気取りがなく良いテンポで、心が弾んできます。2人は家庭環境も違うので、話のギャップも愉快です。

正則から好きになったみたいと告白され、「急速に身体がドロドロの液体になってしまったみたいだ」というところに亜子の思いが表われています。

正則に可愛いと言われた亜子は、忘我の境地で海を見つめるばかりでした。

「私、可愛いって、もう一回言ってよ」という亜子の心情がいじらしいのです。

さらに読者を心地良くするのは、母との会話でした。この母と子は、どんなことでも深刻になりません。力の抜けた会話が興趣《きょうしゅ》を添えています。

正則の家を訪問した亜子は、両親の容姿から教養、何から何まで自分とは住む世界が違うことを痛感し、その思いを母に話したのですが、母の反応は率直なものでした。

「亜子ちゃん、身分違いは不縁のもとって言うよ」

「私もそー思ったよ。心底そー思ったよ」

「何てことかしらねー。せっかく男ができたかと思えば、何もかもが不つり合いなんてねー。せめて、不つり合いが器量だけだったらねー」

正則のことが好きになった亜子は、自分の容姿のことを考えなくなったことに気がつきます。それどころか自分の手足を見て「けっこうきれい」とまで感じるのです。

「私のこと美しいとは言わなかったけど、何度も何度も可愛いって言った。けっこう可愛いのかなあ。どういう風に可愛いかってわからないのが美しいってこととの違いなんだ。美人は、自分でわかるんだよね、たぶん」

　鏡を見ると顔を気に入っている自分がいました。恋の力が否定を肯定に変えたのです。

　いつもなら女友達に予定を尋ねた時、断わられる側でしたが、正則とつき合い出してから、初めて自分が断わる側に回ります。その時の亜子の思いが愉快です。

「あーいい気持。恋って、エゴイズムなのよね」

　登場人物のひとりに幼なじみのケンという男もいますが、この2人のやり取りも絶妙で、快い笑いを誘いながら、その真意は考えさせられるものでした。

「人って、何の欠点もない立派なものを好きになるってわけじゃないんだよな」

「お前、変な顔してもてないと思って人生なめんなよ」

　亜子は心の内で語ります。「そう、私、恋って、どっか美人だけがするもんだって思っていたんだ。だから、何かひがんでいるくせに傍観者面していたかもしれない。（略）人は誰でも人生の主人公なのだ。人生の主人公であることから降りることは出来ない。人生の主人公から降りないということは、自分の心に正直に素直でありつづけること、どんな時も、打算に走らないっていうことだと思う」

　この言葉は、生きていくうえで大事なことです。それなのに、多くの人は気づいてみるとそこから大きく離れてしまっている現実であっても、気づこうともしません。

恋愛に限らず、美人は得だというのが世のコンセンサスです。しかし、美人（女性なら容姿のいい男）にしか関心がない、つき合わないというのは、相手を人ではなく自らの虚栄心を満たすアクセサリーとしか考えていないような気がします。

「ペコちゃんみたいな子がいいのよ」とは私の母の言葉ですが、外見より中身、愛嬌が重要という意味でした（不二家のペコちゃん、知っていますね）。

「恋人の欠点を美徳と思わないような者は、恋しているとは言えない」というゲーテの言葉にもあるように、愛情は相手の人間性と、丸ごとの存在に感じるものです。

正則との出会いによって自分を肯定できるようになった亜子の言葉と、全編に漂うほのかな愛が、容姿に自信のない人へのエールのようにも感じます。

ラストのページ、亜子の思いは必読です。

一服の清涼感と共に、未来への希望と大いなる活力を与えてくれることでしょう。

●愛する者のために「自分が今できることは何か?」を問う

飛鳥へ、そしてまだ見ぬ子へ

若き医師が死の直前まで綴った愛の手記

井村和清《かずきよ》

祥伝社

自分の死期が迫りつつある時、人は愛する家族に何を思い、どんな言葉を託すのか?

著者は内科医でしたが、悪性腫瘍により昭和54（1979）年1月に逝去しました。

その時、31歳と若かった著者が、妻とまだ幼い長女と、妻のおなかの中にいる、まだ見ぬ我が子に、万感の思いを込めて綴ったのが本書です。

著者は自らの運命を受容した時、生きた証と幼い子どもへ与えうる唯一の贈り物、形見としてこの書を書きました。冒頭には子どもたちへの手紙があります。

「いいかい。心の優しい、思いやりのある子に育ちなさい。（略）父親がいなくても、胸を張って生きなさい。（略）目には見えないが、私はいつまでも生きている。おまえたちと一緒に生きている。だから、私に逢いたくなる日がきたら、手を合わせなさい。そして、心で私を見つめてごらん」

著者が望む「思いやりのある子」とは、周りの人が悲しんでいれば共に悲しみ、喜ぶ人がいれば、その人のために一緒に喜び、周りの人を幸せにする人とあります。

我が子に託す言葉は、私も考えたことがありました。

私の息子が20歳になり、事件について私の親から聞かされた時、彼は私に会いたいと手紙をくれたことがあります。私はご遺族の子どもの命を確信犯として奪った以上、自分だけが子どもに会うというのは卑怯だという思いがあり、断わっていました。

しかし、息子は何度か手紙によって私に断わられた後、いきなり面会に来たのです。

私も父親として、成人した息子を一目だけでも見たいという思いがあり、身勝手ながら会いました。私と違って地味で堅実な様子に安堵し、会うのはこれっきりということで別れたのでした。月日の経つのは早いもので14年が経っています。

とても親らしい立場とは言えず、私はその時、何を言おうかと葛藤があったのですが、結局は健康で真面目に働きなさいと伝えました。言いたいことは山ほどあっても、実際にはそんなものでした。

それを思うと、著者が我が子に残す言葉や思いを、どんな気持ちで綴ったのか、ひしひしと伝わってきたのです。しかも、著者は30歳あまりという若さです。

なぜ、この若さで妻と幼い子どもと別れなければならないのだと、懊悩《おうのう》の日々を送ったことは想像に難くありません。まして著者は医師であるがゆえに、自分の死期を知る立場にあったのです。

しかし、著者はその事実を受け入れ、残された時間の中で最善を尽くそうと努めました。切断して義足をつけた体で患者を診《み》て励まし、家庭においては良き夫、父親という役割を果たしています。そして、何よりも感謝の心がありました。

肺への転移により、著者は自分の死を目前のものと知り、「歩けるところまで歩いていこう」と決心した日の夕暮れについての記述は美しいものでした。

彼が目にした光景は、世の中がとても明るく、スーパーへの買い物客や子どもたちや犬や電柱や小石までもが輝いて見えたのです。自宅へ戻って見る妻も、手を合わせたいほど尊く見えた、とあります。

これは親鸞が「不可思議光」と呼んだ光に出会った際の現象で、生への執着が消えて死への恐怖もなくなり、安らかで清らかな心ですべてを許し、感謝できるという状態です。

大乗仏教が最終的に目指す境地に、宗教心のなかった著者は到達しました。何が幸福かはその人の心が決めるといわれていますが、この境地もその証左でした。これを思えば、日常の出来事に、いちいち気を煩わせるなど、無用のことと気がつきます。

著者の境遇に比べるべくもありませんが、一生、獄にいようという私でさえ、ただ、鉄窓から陽光が射しただけで快い情動が湧くことがあります。

私の置かれている状況と場所を、社会の人が鑑《かんが》みるならば、幸福だなんて、と思うかもしれませんが、心の持ち方ひとつなのです。

著者は、生きがいについても触れていますが、それは自分を必要としてくれる人がいることと述べていました。社会的生物である私たち人間にとって、このことは深い意義を持っています。

自分が必要とされることについて考え始めた時、自分のあり方に変化が起こるはずですし、それは今後の人生に意義を加えてくれるでしょう。

著者は、このような境遇になる以前から、他者への思いやりや情愛の深い人でした。他者の痛みや悲しみに身を寄せられるからこそ、周囲に温かな情動を感じさせ、同時に自身も幸福であり得るのです。そして、この性向は自覚ひとつで、誰でも身につけられます。

向心上があるがゆえに、理想と現実のギャップに我が身の不幸を嘆く人も少なくないでしょうが、心の持ち方で前進への気力が湧いてくるのではないでしょうか。

「昔は良かった」と述懐ばかりしている人は、リハビリはなかなか進まないそうです。後ろを振り返ることなく、前に進もうという人は回復が早いといいます。

著者はリハビリの途上で「決して後ろを振り返らないこと」について、真意を悟ります。

「自分に今できることは何か」という著者の言葉を銘記してください。

著者は、普通に食べられ、眠れ、朝を迎えられるごくあたりまえの素晴らしさを説いています。私も下獄した後、社会での他愛ないことの貴重さを痛感させられたものです。

そういうことに気がついたら、目的なしに、怠惰に生きてなどいられません。時間の使い方は、命の使い方です。自分の時間、命を大切にしてください。

そして、著者が我が子に託した手紙の末文です。

「私はもう、いくらもおまえたちの傍にいてやれない。おまえたちが倒れても、手を貸してやることもできない。だから、倒れても倒れても自分の力で起きあがりなさい。さようなら。おまえたちがいつまでも、いつまでも幸せでありますように」

●障害を持つ子どもから、親が教えてもらったこと

ダウン症の子をもって

正村公宏《まさむらきみひろ》

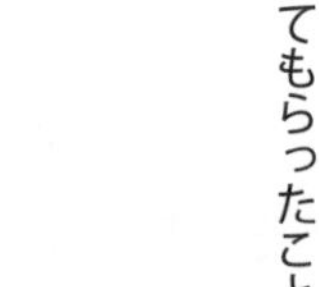

新潮社

我が子が障害を持って生まれてきたことを知った時、その両親は何を思ったのか。

正村家の次男、隆明《たかあき》君は昭和38（1963）年3月7日に生まれました。母乳を吸う力がなく、ブドウ糖や注射で生命をつないでいたのです。ダウン症に加え、心室中隔欠損《しんしつちゅうかくけっそん》という心臓疾患も抱えて、1年と生きられないというのが医師の診断でした。

この時、著者は隆明君が長く生きられないことを、「せめてもの救いとさえ考えられなくもなかった」と綴っています。将来を思えば、本人にとって不幸でしかないと思ったのです。親としてはむべなるかな、というところではないでしょうか。

しかし、親である以上、その死を望むことも不可能と、苦衷を吐露していました。生まれた子の生命を支えようと、あらゆる努力を惜しまなかったのです。

そうであっても、著者の脳裏には、「あの子が普通の子でさえあれば」という気持ちを抱

き続けたとあります。親として不運ではあるが、それ以上にそのように思われていた息子が不運とも述べられていました。

ダウン症の子の知能のレベルは個人差が大きく、重症の場合はＩＱ15から20という水準で、言語によるコミュニケーションは困難です。

当時はダウン症などの障害児に対する医療も社会も十分な対応ができず、著者は妻と共に一般の人々の想像を超える苦しみの中にありました。

隆明君の症状は重いほうで、言葉も1音節か2音節程度しか喋れず、家族とのコミュニケーションは満足にできません。身体と同じく動作などの発育も遅く、おまけに多動的だったため、片時も目が離せませんでした。

犬好きですが、じっと見つめていると突然、顔を蹴とばしたり、隙間があれば手当たり次第にそのへんにある物を詰めたり、畳の上にマーキュロ（赤チン）を撒《ま》くなどするのです。

親としては毎日が試練の連続ですが、ある日、著者はこんなことに思い至りました。

「彼に何かを教えるということは想像を越えた時間と努力を必要とする。しかし、投げださないで根気よくつづけることが大切である。彼は、実にゆっくりとではあるけれども、進歩する可能性をもっているのである」

日々の生活において破壊的な性向を持つ隆明君ですが、母親が泣き真似をすると、あわてて頭を撫《な》でたり、パンをちぎって母親に与えたりもします。

こんなことが重なり、両親は隆明君の行動を興味深く観察して分析できるようになりました。障害児を持つ親の手記はたくさんありますが、本書は客観的で淡々とした叙述でありながら、両親の慈愛が静かに伝わってくるのでした。

「障害の子にとっての『自立』とは、ある達成された状態を意味しているのではないと私は思う。それは、この子たちの『可能性』を求めるたえまない努力の方向を意味しているのだと私は考えている」

昨今は、子どもの幸福より、自分の欲求や願望を満たすために、こうでなければならないと決めつける親が少なくないようで、無条件の情動とされた親から子への愛情も、純粋とはいえなくなっているように感じられます。しかし、著者夫婦は隆明君にそのようなことは望まず、命あるかぎり、彼の世話をして見守り続ける覚悟をします。

「求むるところなき愛、これが我々の一番高い、一番望ましい境地である」というヘッセの言葉が想起されました。

同じ施設に通うダウン症の子の葬式後、「これでよかったのです。あれを残しては死ねませんからね」という母親の言葉と現実は、哀憐の情に堪えないものでした。

何事もなければ、やがて自分のほうが先に逝くという現実を抱えながら、ただひたすらに老いゆく身体で成長する子を見守り続けるというのは、なんと尊く、悲しいことでしょうか。

隆明君は停止した車の運転手たちや近所の人に頭を下げたり、赤ん坊を抱かしてもらうなど、彼なりに社会に参加しています。彼のことを優しい子と理解してくれる近所の人たちの情も、慈愛のこもったものです。

彼は一方的に愛情を受けているだけではなく、無償の愛情や仁愛という情動を町の人々に与えているのでした。殺伐とした一面もある社会の中で、彼の存在は精神のオアシスたり得るものだったのです。

著者は、他の子と比較する相対評価ではなく、彼の持っている可能性を見て、こんなことができるんだという小さな発見の喜びが、夫婦を支えてきたと述べています。

そして、理屈ではない人間的な絆の強さを、彼から教えられたと綴っています。

本書ではノーマライゼーションを含めて、障害者と社会のあり方、福祉の理念など、社会にいる人にとって必読に値する所が多々ありますが、何よりも本書自体が、読む者に愛情とは何かを教え、愛を感じさせてくれる書です。

Column

本の内容を記憶する方法

社会にいた頃は本にラインを引いたりページを破る、コピーする、ファイルをするなどをしていましたが、現在はラインを引いた本は社会の人に送ることができないため、ページの隅を小さく折って、読了後、一気にメモをしています。私は社会にいた頃からよほどでない限り、読了後の本は手元に残さず、誰かに譲っていました。手元に残しておいて「また読める」と思えば、本の内容は記憶に残りません。今しかないと思うから、真剣に覚えることができるのです。本とは「一期一会」の緊張感を持ってつき合います。

記憶する時の要領は「他者に説明するなら、どのようになるだろうか」という思考が中心です。その際、質問も考え、答えられなければ理解が浅いとわかります。

私は小さい頃から何にでも興味を持っていたので、ある分野の本を読み始めると、違う分野の関連する情報が頭の中で照合されます。

このような読み方も、本の内容を記憶することに役立っているはずです。

読書の醍醐味の一つに、新しい本との出会いの中に、過去の本が投影され、その時を回顧できたり、関連のない情報がつながる喜びがあります。その瞬間のときめきは、何とも言えません。

第４章

「知識」を戦力に変えるために

●1万3000年にわたる人類史の謎を解き明かす!

銃・病原菌・鉄　上・下

ジャレド・ダイアモンド　倉骨《くらほね》　彰《あきら》・訳

草思社

飽食の時代と喧伝《けんでん》されている現代ですが、供給される食料の約3割が廃棄される国がある一方で、食料難や貧困によって幼い子が餓死する国もあります。先進国からすれば、まったく問題にもならない疾病で、数多《あまた》の生命が奪われる国もあるのです。

ほぼ100パーセントに近い子どもたちが、初等教育を受けられる国もあれば、同じ年頃の子どもが牧畜や農園で働かなければならない国もあります。

世界のこの不均衡の理由は何なのでしょうか。何が、これだけの差を作ったのでしょうか。人種の優劣なのか、地域・文化の差なのか、それが本書を貫くテーマです。

もともと著者は生物学者であり、鳥類研究のためにニューギニアに調査に行った際、現地の政治家に問われたことが、本書を著わすきっかけとなりました。

その政治家は、自分たちの祖先たちが、どのようにしてここに来たのか、ヨーロッパから来た白人は、ここをどのように植民地化したのか、さらには生活水準・文化の差についても著者に尋ねたのです。著者は容易に答えられないこともあり、研究を始めたのでした。

現在、世界の中で富と権力を手にしている民族・地域が決定づけられた原因は何か。なぜ、他の地域が栄えなかったのか。著者は植民地化時代を経て、紀元前1万3000年までさかのぼって分析をしています。これが本当に興味深い構成となっていました。

700万年前に人類が猿から分岐し、進化していく過程の中での生活の変遷、文字や文化の誕生と各地への広がりなど、知的好奇心を刺激する記述に満ちています。

初期の狩猟採集生活から、食料生産、そして貯蔵する農耕への変化は、時代と共に動植物の確保が困難になったため、野生で栽培できる穀類の貯蔵が一因だったと述べています。

それに伴って技術が発達し、1エーカー（4000平方メートル）あたりの産出カロリーの高まりに合わせて、人口密度の増加・食料生産の増加につながりました。

人口増加に従って人類の移動も活発になり、どのように道ができたのか、移動手段とその理由は何かなど、図を示しながらわかりやすく説いています。

特に前半では白人の植民地化にスポットを当て、インカ帝国やアステカ帝国を滅亡させた理由について、多方面から解析していました。

歴史上で有名な、スペインの軍人ピサロが、インカ帝国の皇帝アタワルパを捕虜にしたエピソードを例に挙げ、読む人を引きつけます。

この時、アタワルパは8万人の兵を連れていました。対するピサロは騎兵60人と歩兵106人でした。兵力比は481対1です。当時、銃はありましたが、それほどの役割を果たしてはいません。鍵は騎兵、馬だったのです。

アタワルパの敗因は、この騎兵の活躍に加えて情報不足が挙げられています。さらにもう一つ大きな理由がありました。

病原菌の存在でした。航海術が発達したことで、ヨーロッパから白人が世界各地に病原菌をばら撒《ま》いたのです。インカ帝国でも皇帝や廷臣が天然痘で没し、王位を巡る争いから内戦に発展し、それもピサロに有利に働きました。

このアタワルパ、ピサロに捕えられ投獄された際、釈放を要求して世界最高額の身代金を払っています。縦22フィート（約7メートル）、横17フィート（約6メートル）、高さ8フィート（約3メートル）の部屋を満たすだけの黄金です。しかし、聞き入れてはもらえず処刑されたのでした。

白人が持ち込んだ天然痘は、時には現住民の95パーセントを死亡させるという猛威をふるっています。北アメリカのインディアンは、意図的に病原菌を付着させた毛布を貰ったことで、部族が壊滅した例もありました。また笑い病（クールー病）は、食人習慣のあったニューギニアで流行していたのですが、オーストラリア政府が1959年に食人を禁止して収まったそうです。

病原菌というのは、もとは動物から人間に感染したのですが、人間に合わせて選別、淘汰されています。適応力が高く、菌は生き残るために上手に進化していきました。

病原菌がどう進化して、どんな経路で広まったかについても本書では詳述していますが、ここにも国の経済・文化の差が、はっきりと表われていました。

下巻では「文字の発生」から始まります。誰がどのように作り、それがどうやって伝わっていったのか。文字を持つ民族と持たない民族の差などが述べられています。

また、古代ではフラットに近かった人間関係に階層が発生した理由や、小さな部族社会から首長社会を経て国家へと移行する過程では、現代と同じ価値観の萌芽が見えます。

「首長社会は、個人で得るには費用がかかりすぎて実現不能なサービスを提供できる。その半面、富を平民から吸い上げ、首長たちによる搾取をいとも簡単にする」

「エリート階級が泥棒とみなされるか大衆の味方とみなされるかは、再分配された富の使い道に対する平民の好感度がどれだけかによって決まる」

著者は、統治者が庶民より豊かな生活を堪能しながら、不人気にならない4つの方法の組み合わせを挙げていますが、この法則は現代にも通じるものです

私は幼い頃から何でも知りたい、何でも疑問に思う性分で、家族や周囲の大人からは、「どうしてちゃん」と呼ばれていました。父に至っては、質問し始めると、「また始まった」「うるさい」と怒り出すほどでしたが、それでも聞くことをやめませんでした。

学生時代には、歴史の授業で教師を質問責めにしたり、納得するまで自分で調べたりしていたのです。打製石器から磨製石器になったのはなぜか、何万年も前に海を渡った人の冒険心や好奇心、船を作ることに思い至ったのはなぜかなど、疑問は増えるばかりでした。

私なりに膨大な書物を渉猟して調べまくっていたことが、この一冊に実にコンパクトに、面白く述べられていて、悔やしい思いすらありました。

結局、世界の不均衡の主因は偶然性によるものでしたが、歴史を知ることは社会人として必須のことです。さまざまな切り口を提供してくれるガイドブックとしても高い価値がある書です。知る楽しみを、是非、感じてください。

●リーガルマインドを身につけて論理的解釈を仕事に活かす

元法制局キャリアが教える
法律を読むセンスの磨き方・伸ばし方

吉田利宏《としひろ》

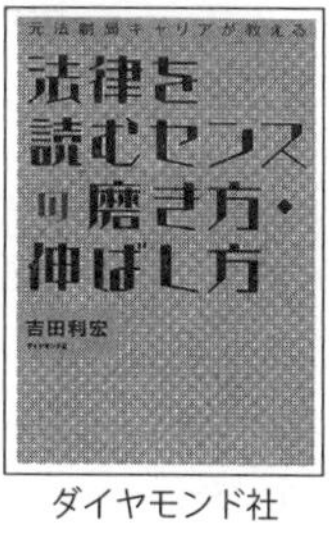

ダイヤモンド社

皆さんは、リーガルマインドという言葉を知っていますか？

法律を勉強したことのある人にとっては、常識以上に親しい言葉のはずです。本書では、それを知識ではなくセンスと述べています。

リーガルマインドとは、その法律・条文が何を意図しているのか、目的は何のためかという核心を把握して、それに沿って考察・判断するということです。

リーガルマインドが身につけば、あらゆる事を論理的に考えられ、核心を把握し、最適の策を選択する助けとなります。他者の思考や行動原理も理解し、人生の武器としてあなたの世界を広げてくれるはずです。本書は初歩から応用までであります。

本書にも、「法律は暗記科目ではありません」とあるのですが、重要なのはその条文が何を目的としているかという点です。また、条文を暗記したり、その条文をそっくり現実にあてはめるという人がいますが、意味があるとはいえません。

大切なのは、社会でどのように運用されているかということです。そこで参照すべきは判例です。判例からそれぞれの条文の核になるものを知ることができるのです。

リーガルマインドは2つの能力が基礎となります。「論理的思考力」と「バランス感覚」です。論理的思考というのは普遍性があり、ただの屁理屈ではありません。バランス感覚とは、対立する関係での利益の調整に必要な感覚のことを指しています。

リーガルマインドを身につければ、社会で起こる諸々の問題に対処する、あるいは解決する能力が向上するのです。もちろん、条文読解力・解釈力も高まります。

本書では順を追って、論理的センス、公平性の感覚、法令用語、法律同士の位置関係、解釈を学びながら、条文の構造のルール・解釈がわかるように構成されていました。

各章ごとに簡単なQ＆Aがあり、理解をたしかめながら進めるようになっています。

公平性について述べている章では、1枚のトンカツを小1の弟と中3の兄で、どのように分けるのが公平かという設問がありますが、皆さんならどのように分けるでしょう。

Ⓐ2人で半分、Ⓑ兄に多めに、と二者択一ですが、Ⓐは形式的平等、Ⓑは実質的平等です。公平という眼目であれば、Ⓑという回答になります。それについても平易で行き届いた説明

がなされているのです。

条文の読み方について述べている章では、「適用」と「準用」、「又は」と「若《も》しくは」、「及び」と「並びに」、「貸し出し日から」と「貸し出し日から起算して」の違いなど、日常よく目にしたり遭遇する例を挙げて述べられています。

法律といえば、「霞が関文学」として有名ですが、「その他」と「その他の」の差異など、たった1文字を入れるかどうかで大きく変わることも珍しくありません。

他にも「公法」「社会法」「私法」の解説は、社会人として知っておきたい知識です。当然「民法」「商法」も含まれていますが、知っているからこそ活用できる条文が多いことに驚くことでしょう。何であれ、知らないと活用できる分野もわかりません。

私が法律に関心を持ち、必要性を感じたのは金融業を始めた時でした。「利息制限法」や「出資法」もありますが、それよりも「債権法」全般、「手形小切手法」など金銭貸借に関してプロの中のプロになるのだという思いで一念発起したのです。

最初は条文を覚えたりもしたのですが、何より判例集を読み込みました。なぜなら、実際の訴訟では条文通りの運用ではなく、そこに慣例のような相場があるからです。

その後、担保として不動産をはじめ、雑多な物や権利が持ち込まれるようになり、私の学習範囲と活用する面白さはさらに膨らみました。各省庁からの通達も合わせて、各種法律を知ることで、仕事上に多大な効用があったことは否めません。

また、取引相手の業種に関連する法律を知ることで相手との距離が縮まったり、判例集を読んでいる時に新しいアイデアが生まれることも少なくありませんでした。

何かと何かを組み合わせるのは、私の習性のひとつですが、法律も組み合わせて使うことで新たな力を生み出します。その際に必要なのがリーガルマインドでした。

現代は情報の海の中で生活する時代ですが、正しく判断するためにも、本書で紹介している論理的解釈力やリーガルマインドは役に立ちます。皆さんの視野が広がることは論を俟《ま》ちません。

やたらと権利を主張したり、取るに足らない理屈を並べるために中途半端に学ぶのではなく、建設的に活用するための基礎を着実に身につけるために、一読しておきたいものです。

本書は文章もわかりやすく、まったく素養がない人であっても十分に理解できますし、示されている内容は決して低いレベルではありません。

●最強の交渉力で「ウィン・ウィン」を勝ち取る

交渉力　最強のバイブル
人間力で成功するベストプラクティス

ロイ・J・レビスキー　ブルース・バリー　デイビッド・M・サンダース
高杉尚孝《ひさたか》・監訳　小西紀嗣《としつぐ》・訳

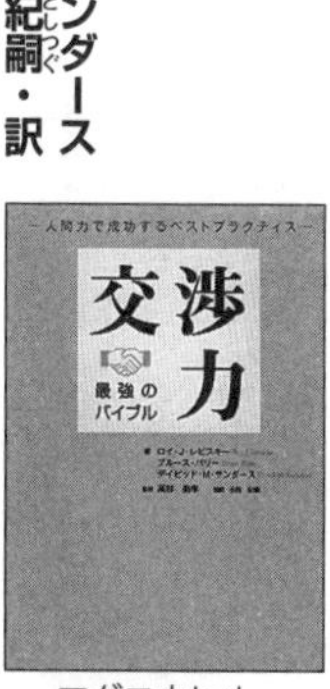

マグロウヒル・エデュケーション

交渉というと改まって聞こえるでしょうが、社会で生活していれば他者との間で頻繁に経験することでしょう。自分と他者との調整ともいえますが、この交渉力があるかどうかが、人生のあらゆる場面において影響を及ぼすはずです。

本書が述べる交渉力というのは、自分の意志を通すということではなく、相手の立場にも配慮をしながら、交渉を成功させるというものです。

交渉にはバーゲン（駆け引き）とネゴシエーション（交渉）の2つがあり、両者は異なるものです。バーゲンは店などで値切り交渉をして勝ち負けがつくことであり、ネゴシエーションは複雑な対立をしている双方が、互いに利益があるような解決を試みることです。いわゆるウィン・ウィンの解決を指します。

本書では、バーゲンを分配型交渉、ネゴシエーションを統合型交渉としています。そして、結果をもたらすうえで大事なのは、交渉の過程ではなく、どのような姿勢で対応するかであるとして、詳細に示しているのです。

多くの事例が紹介されていますが、もっとも尊重すべきは、論争するのではなく合意に達するということでした。そのため、交渉すべきではないケースにも言及しています。「全財産を失う可能性がある」「要求が非倫理的」「どうでもよい」「時間がない」「相手に誠意がない」「待てば立場が良くなる」「準備不足」などの時は、交渉してはなりません。

交渉の現場では、双方の基本的な立場の説明から始まり、相互の調整と譲歩となるのですが、そこには正直さのジレンマ、信頼のジレンマが発生します。

正直さのジレンマというのは、どれだけ正直に話すかという問題で、相手に利用される点と、ニーズ・要望を率直に伝えなければ交渉は行き詰まるという状況のことです。

信頼のジレンマというのは、相手の言葉をどれだけ信用できるかであり、信じることで不利になる、信じなければ合意に苦労するというジレンマでした。

分配型交渉と統合型交渉では、それぞれ価値の分配と創造という思考が不可欠であり、具体的に何を指すのか、どのように見出すのかについて、丁寧な説明がなされています。

交渉が進まない時、そこには個人の内心の対立、個人間の対立、集団間の対立などがありますが、その功罪（対立は決して負の面ばかりではありません）と、解決への困難度、及びその問題点と対処法がまとめられていました。

交渉する際に心がける点として、・相違点より共通点に注目する、・立場ではなくニーズと利害の処理を試みる、・当事者全員のニーズに応えるべく全力をあげる、・情報やアイデアを交換する、・相互利益のための選択肢を見つけ出す、・達成度の評価に客観的尺度を使うことなどが挙げられていています。

皆さんはこれらのことを意識していますか？　振り返ると私自身、試験のヤマをガリ版で刷って売ったり、中古のレコード・本・服の買い取りや販売を始めた中学生の時から、商行為じみた交渉を繰り返してきました。

母との離婚後、父が放蕩の限りを尽くしたせいで、経済的困窮とはどういうことかを身をもって知った私は、成人していませんでしたが自分で稼がなければならなくなり、収入を得られる道に興味を抱いたのです。

「自分で稼いでみたい！」という思いと、当時は大嫌いだった父から思いっきりお金を取ってやろうという企みと、逆に1円たりとも貰うものかというアンビバレントな心境の中で、将来をにらんで挑戦してみたいという心情が優先したのです。

もう二度と貧乏なんかするもんか、してたまるかという怒りにも似た思いでした。また稼ぎに稼ぎまくって、貧乏だった自分に落とし前をつけてやるのだという、青臭い気持ちがあったのも否めません。そのために一日も早く、自分に何ができるかを知りたくて、じっとしていられなかったのでした。

高校生になり、バイク・車まで扱うようになりましたが、レコード・服という品物では競合する業者もなかったので、独占状態で有利な交渉をしつつも、次につなげるために相手の満足度について考えるようにしていたものです。

もっとも苦労し、かつ達成感を得たのは地上げ交渉でした。通常の交渉と異なり、論理や経済合理性によるメリットを説いたところで、まったく通用しないケースがありました。

先祖代々、この地にいるとか、亡くなった夫と一緒に暮らした地（家）だから絶対に動かないという人は少なくありません。説得すればするほど、相手は頑《かたく》なになっていきます。

その場合、その心情を理解し、共有できるくらいに聞き続けることにしていました。論理が通じないのなら感情に働きかけます。家族と同等か、それ以上に相手を知って、理解を深めていくのです。そうして相手の気持ちを動かすしかありませんでした。

本書末尾では交渉を成功させるベストプラクティスとして、いくつかのポイントを挙げていますが、交渉だけではなく、対人スキル向上のためにも、本書で学ぶことは有益です。

●若きシェフが渡仏してつかみ取った、熱い仕事哲学

調理場という戦場
「コート・ドール」斉須政雄の仕事論

斉須《さいす》政雄《まさお》

幻冬舎

息を吸って吐くという無意識さで、人生に必要な、あるいは透徹している言葉が、しっかりと目の詰まったタペストリーのように紡がれた書です。

著者は東京港区にあるフランス料理店「コート・ドール」のオーナーシェフです。夢を抱いて23歳でフランスに渡り、料理人として12年間の奮闘後に帰国し、現在に至るまでの足跡が綴られています。

料理人という仕事のみならず、人生論・リーダー論として心得ておきたいことが、しっかりとまとめられています。

渡仏した当時の著者には若者らしい気負いや不安がありましたが、主義主張を明確に打ち出していくフランス人の間で研磨され、料理人の何たるかを身につけていったのです。

「窮地に陥ってどうしようもない時ほど、日常生活でやってきた下地があからさまに出てくる。それまでやってきたことを上手に生かして乗りきるか、パニックになって終わってしまうか。それは、日常生活でのちょっとした心がけの差なんです」

いざという時にどう対処するかというのは、平生から自分の内に芯や核を持っていなければ、浮き足立つのは自明であり、それらはすべて自らの責任でしかありません。

「生命力が溢れるように仕事をしていれば、つまり、生きている限りは炎が宿るようなものでしょう。その状態に至ることができたら、仕事をしていても歯を磨いていても遊んでいても、常に同じ意識を保てるのです。しかも楽しい」

この言葉は、フランスで頂点といわれた「タイユバン」を辞めて、「少し虚脱状態」を経験した著者が到達した境地でした。

「その意味での『楽しさ』というものは、きっと、苦しさを抜けていないと摑めないんだと思います」

この「苦しさを抜けていないと」というのが、心に響きます。苦しさをどれくらい経験して乗り越えるかが、生きるうえでは最上の師・教訓です。

私自身、苦しさを乗り越える、あるいは静かに耐えるというのが、人間の成長には欠かせないことを、下獄して周りを見てから痛感しました。時として自分の力ではどうしようもないこともあります。そんな時は、「よしっ、我慢大会だ」と肚《はら》をくって笑うことです。

私は下獄前は、苦労や困難をそうとは思わず、何かに取り組む時はあたりまえだと考えていました。何事にも立ち向かって行ったので、自分に対して無力感を抱く経験はなく、逆にひたすら受動的に堪えるのが下手でした。

しかし、獄での度々の不条理に遭遇するうちに、自力で乗り越えられるものと、そうでないものを分け、力が及ばないものに対しては、静かに笑みを胸に過ごせるようになりつつあります。人はいくつになっても変われるのです。

「笑みを胸に」とは学生時代からの癖で、難局に処する時には常に「さて、おまえはこれをどうするのだ」と他人事のように楽しんできました。打開策が浮かばなくても、最終的には何とかできるのだ、という己への信仰じみたものがあるのです。

全力を投入して最善を尽くし、仮にその結果が芳しくなくても、それも人生だなと得心していきます。やれることはすべてやったという思いがあれば、自分に対する失望はありません。

渡仏した当初の著者は、みんなと同じバスに乗り遅れまいと努力しましたが、やがて、そうではないこと、同じでないところが自分の良さではないかと思い至り、それからが楽しくなったと述べます。修業の過程で絶えず自問し、客観視ができたからでしょう。

そうして6店目に、それ以前の店で共に働いていた同僚が開いた店で働きます。ベルナールという料理人ですが、この人から実に多くのことを学びました。

静かで他人を押しのけようとしないのに、結果的にいつも評価されることから、「料理は技術より人格」だと教えられたのです。

「彼は空からチャンスの階段が降りてきた時に、その階段を昇っていきました。（略）ベルナールの昇り方は本当にかっこよかった。二段跳びも三段跳びもしないで、一段ずつしっかり昇っていきましたから」

著者の脳裏にはそれが映像となり、時折り反芻しては糧にしているとありました。

「一段ずつしっかり」というのを、「かっこいい」とする著者の感性・価値観があっぱれです。もし、私があのまま社会にいたとしたら、あるいは自らの来し方を深い懐疑の念で省察していなければ、この著者の言葉の重みには気づかず、肯定もできなかったでしょう。

それくらい、この言葉の捉え方には万鈞《ばんきん》の重みがありました。

生きることも働くことも、所定の過程や道筋を飛び越えてしまうと、必ず破綻が生じますが、そうなった人でないと、この理屈はわからないというパラドクスが皮肉です。

「まわり道をした人ほど多くのものを得て、滋養を含んだ人間性にたどりつく。これは、ぼくにとっての結論でもあります。技術者としても人間としても、そう思う」

これも至言です。服役して、経済力や社会の地位など関係ない場で存在した時、私は人間が持つ滋養という意味に直面しました。これは物を知っているとか、頭がいいとか、弁が立つとか、そんな取るに足らないことではなく、人としての根幹の問題でした。

滋養を含む、蓄えるというのは、自分を柔軟にし、本物の謙虚さや素直さや寛容の心がないとできません。世間の人よりはるかに遅れましたが、服役してから、このことに気づいたのです。この滋養というのは、人格の陶冶《とうや》につながっています。

著者は日本に帰国後、店を持つに至りますが、リーダー論としても秀逸な言葉の数々を述べています。芯は鋼《はがね》のようでも外は柔らかく、物事を見る目も瑞々《みずみず》しいままなのです。しなやかに成長していくうえで持っていいたい性質です。

生きることと働くことは決して別のことではなく、その人自身の姿勢が顕われるのであり、日々の処し方が未来の自分を形成することを教えてくれる良書です。

●戦艦大和と戦艦武蔵。その生還者が日本人の生き方と誇りを問いただす

大和よ武蔵よ

勢《せ》古《こ》浩爾《こうじ》

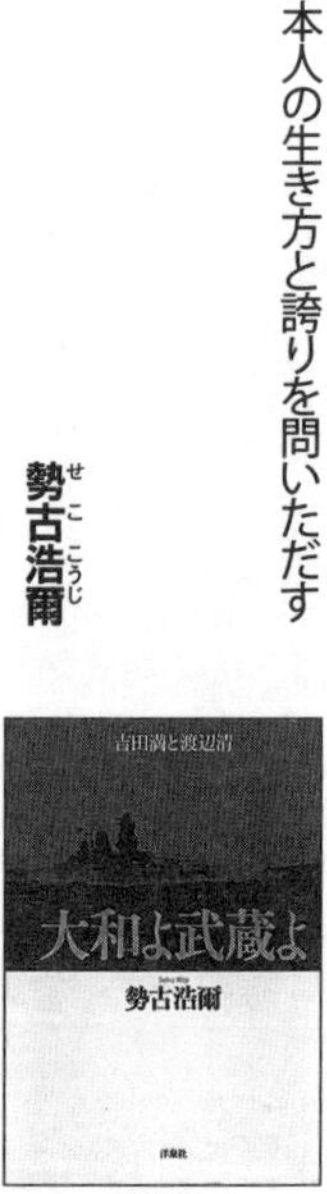

洋泉社

あの戦争で前途ある身でありながら、国を、故郷を、愛する人々を護《まも》るために散華《さんげ》していった戦友たちを思い、その至誠と犠牲に対し、鎮魂と残された者としての生き方を自問自答してきた2人の元海軍軍人の評伝です。

戦艦大和と戦艦武蔵。

大東亜戦争の時代、帝国海軍が技術の粋《すい》を結集して造った艦《ふね》でした。しかし、両艦共、本来の力を発揮できる活躍の場は与えられず、悲運のうちに海底に没したのです。

大和は乗員3332名のうち戦死者3056名、武蔵は乗員2399名のうち戦死者1376名でした。

本書は、その生還者である吉田満と渡辺清のその後の生き方を顧みつつ、戦後の日本の歩みと日本人のあり方について、深い示唆を与えてくれる書です。

吉田は東京帝国大学から学徒出陣で少尉として大和に、渡辺は15歳の時に志願して一水兵として武蔵の乗員となりました。

大和の生き残りである吉田は、不朽の名著とも言える『戦艦大和ノ最期』（講談社）を、渡辺は、『戦艦武蔵の最期』（朝日新聞出版）を世に送っています。

この2人の戦後の生き方は、趣を異にするものでした。

「やがて終戦の日がきて、平和な生活にもどることになったとき、『いかに生きるべきか』が、新たな緊迫感を持つ命題として私を待ち受けていた。自分を偽らず、最後の日まで力いっぱい生き続けるには、何を目標とすればよいのか。悔いなき人生は、自分を超える絶対の存在に、わが身をささげることからはじまる。どこに、その存在を見出しうるのか」

これは吉田の言葉ですが、吉田はこの後、キリスト教に帰依します。他方、渡辺は戦後社会の戦争と軍人に対する反転ぶりと、昭和天皇の言動に憤りを覚え、国家・社会・天皇を憎悪して生きました。

民主主義という名のもとで、日本人の心のありようが変わり、戦没者への感謝や敬意、慰霊すら忘れ去られる世の中に対して、吉田は使命を感じるようになっていきます。散華した仲間の代弁者として生き続けることによって、初めて己の存在を認めるに至ったのでした。

「生き残ったものが、死者の悲しみを美化して追想するのは不遜である。何ものをもってしても、彼らの悲劇の深さを償うことはできないであろう」

「死んだものは生き残ったもののなかにしか生きることができない」

この言葉に込められた思いを、現代に生きる私たちは、日本人として真摯に考えなければなりません。自らの死に意義を見出したいと希求しながら、非命に斃《たお》れた先人たちの衷情が、非戦の国、日本を築いたことを忘れてはいけないのです。

吉田は自らの戦争責任については、どのような事情があろうと、あとから釈明するのは筋が通らない、兵士としての役割を受け入れた以上、自らの行動には責任を持つべきとし、その自覚がなければ戦後の生活を踏み出す足場もありえないはずと語っています。

一方、渡辺は戦中派共通の心情として、与えられた使命に己を殺し、脇目もふらず真心をもって応えようとした過剰な誠実至上主義が命取りになったと述べています。

この責任の引き受け方と誠実至上主義は、私たちにとって重要な価値観であり、尊ぶべきことです。この価値観が、現代の世の中で軽視されている気がしてなりません。

吉田は戦後の日本社会について「『私』の幸福追求や個人の尊重が叫ばれるが、そのための努力は『公』的立場の確立なくしては進みえず、独自の国家観も持たず、いたずらに戦後の過渡期を空費しただけである。日本人としてのアイデンティティの確立が、現在ほど喫緊《きっきん》の課題として求められている時はない」と語っていました。

これは、そのまま現在の日本を示唆するアフォリズムとなっています。戦争の総括の不備と占領期のアメリカの対日施策によって、戦争の意義と歴史が歪曲された結果です。今一度、歴史を虚心に学び、日本人としての国家観を考えなければなりません。

歴史を学ぶといっても、近現代史とあの戦争に関して、夥《おびただ》しいほどの書籍があるにもかかわらず、当時の趨勢《すうせい》を土台にして公正な視点で描かれているものはごくわずかです。日本について正しい点は述べず、一方的に否定する書、あるいはその逆と、いずれもイデオロギー優先で、事実を都合よく曲げるということが当然のようになされています。

残念なのは、メディアで有名かつ信頼されている著者であっても、その内容は偏向し、誤《ご》謬《びゅう》に満ちた書が、著者の名によって事実として認識されてしまうことです。

戦争目的は相対的で、双方の視座により正反対の見解となります。そのため、常に「完全に正しい戦争はあり得るのか」という難題を抱えています。また、国際社会の時々の潮流もあるものです。

戦後の日本は、過去を他人事のように語るエセ知識人・文化人により、事実は闇に埋められ、自国を叩くことに執心し、国のために若き青春の花を散らせた人々への追慕と感謝の念がないような状態です。そして、平和の果実だけを貪《むさぼ》っています。

戦時下に生きたというだけで、自らの命が自らのものでない悲劇に殉じた先人たちを顕彰し、平和を守るために何が必要かを考えることが、後世の私たちに課せられた大切な使命です。

本書で特筆すべきは、著者の戦没者への思いの深さでした。戦後社会が拝金主義・エセ教養主義に陥り、尊い犠牲になってくれた人々を一顧だにしない現実への恥や憤りの発露がありました。

著者は『戦艦武蔵の最期』を読む際には、19歳の渡辺の闘っている姿が映像のように彷彿として甦ってきたとあります。その時、戦闘の音は消え、代わりにカウンターテナー歌手、スラヴァの「カッチーニのアヴェマリア」が聴こえたともありました。

評伝が見事に文学へと昇華した場面でした。

渡辺という触媒を通して、戦没者への鎮魂がなされています。そこに一人の醇《じゅんこ》乎たる日本人を見る思いです。

著者には他にも多くの著作がありますが、その「選書眼」のたしかさゆえに、各作品の参考文献の充実度に瞠目《どうもく》することしきりでした。

本書では至純を貫いた多くの人の生き方を偲ぶと同時に、吉田と渡辺という戦中派のたどった戦後の歩みと思いを、日本人として感じてください。

●これからの時代に不可欠な資産運用。楽しく賢く増やす方法とは？

お金をふやす本当の常識

山崎　元《はじめ》

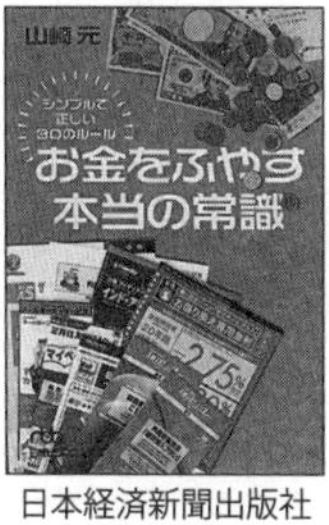

日本経済新聞出版社

働いている人の消費意欲を喚起するにはいくつか条件がありますが、中でも大きなウエイトを占めるものに、将来にわたっての収入があります。

標準的な計画性のある人ならば、現在いくら持っているかではなく、将来どのくらいの収入があるのかで、消費の可否や金額を決めるのが普通です。

もし、収入が毎年確実に増えると決まっていたら、多くの人の消費性向が高まることでしょう。あと何年で確実にポジションが上がり、収入はこれくらいと予定を立てられたのが、従前の日本の雇用制度の長所の一つでもありました。

それが今は違うようで、年功部分は縮小され、業績による評価が収入に反映されるようになりました。その結果、将来に対して消費計画が立てられなくなりつつあります。そればかりではなく、先々の生活の安定にも不安が生じるようになりました。

真面目に働いているにもかかわらず、将来に不安を持つというのは、グローバリゼーションに代表される、資本主義の爛熟期の結果ともいえるでしょう。

そんな時、検討しなければならないのが、資産運用であり、それについての知識や能力になります。資産運用についての書は、それこそ枚挙にいとまなしですが、今回は正しい基本を学べるものとして、本書を挙げました（間違った基本は少なくありません）。

内容は株や不動産だけではなく、投資対象商品全般を扱い、押さえておきたい要点を30のルールと位置づけて網羅しています。

たとえば「分からない運用商品には手を出さない！」という項目では、その内容を他人に説明できるほど、把握しているかどうかが大切だと述べられています。

著者は長く業界で生きてきましたが、投資信託も投資型生命保険も投資用マンションも、「ほとんど」が投資に値しないと述べています。

これは売る側と顧客との間に情報の非対称性（向こうは知っているのに、こちらは知らない）という非効率があるほか、手数料や管理費の高さが原因となっているからです。

たとえば、商品の中には買う時と売る時の往復で数％もの手数料を払わなければならないものもあり、運用成績の割に高くつくことが少なくありません。

その世界のことをきちんと知らなければ、1％の手数料でも、年間利回りにすると高いものだとわからないのです。まして、そのような商品の大半は元金が保証されず、状況によってはあっさり元金を減らすこともよくあります。

現代は法律によって、商品のリスクも説明してくれるのですが、元金を割ることもあると言いつつ、近年の高いパフォーマンスをそれ以上に説かれたならば、初心者ゆえに投資してみようとなるのも首肯できます。

著者は自分の資産と負債を調べてバランスシートを作ることを勧めていますが、一度、実行してみるべきです。

若い頃は、資産運用の収益で生活できるほどの資産はないでしょう。しかし、その年代の資産は何と言っても、自分の労働力です。稼ぐ能力は「人的資本」と呼ばれるもので、自身が資産となります。この資産価値の最大化を目指すことが、若いうちの最優先事項です。社会の流れとニーズを探り、自らの適性とに鑑み、中長期のビジョンを持って自己を磨きます。

それと並行しながら、資産らしきもの（初めは貯蓄になるでしょう）を作り、運用リテラシーを身につけることです。３年後、５年後、10年後を考えた時、この心がけと行動の有無が、想像以上に大きな差となり、新しい世界が開ける可能性があります。

たとえば、株式投資にしても、日本では「虚業だ」「楽して稼ぐことだ」と悪いイメージがあり、現実以上にうさんくさいことと評価されているのですが、そうでしょうか。

株式投資をする人は、資産が減るというリスクを背負いながらやっています。収益があったというのは、そのリスクを覚悟して行動した結果であり、報酬でもあるのです。決して楽をして儲けたと表層のみで捉えるべきではありません。

タイミングによっては（２０１３年〜14年のように）、かなり高い確率で多くの収益を得られる時もありますが、それはあくまで結果だけを考慮した場合であって、いざ始める際のリスクへの心理的抵抗は小さくはなかったはずです。

社会では、財政的裏づけがあるかないかで、仕事や人生においての選択肢の種類と質が大きく変わります。金銭はそれ自体が目的ではなく、自らの希望を実現する手段です。また、投資リテラシーは、身につけてしまえば、生涯、活用できます。

現代は私が社会で投資をしていた時代に比べれば、情報は（選別さえできれば）豊富で、手数料は恐ろしく安価になりました。株式に限定すれば、約3600の個別銘柄をリサーチしなくても、日経平均やトピックスに連動するETF（上場型投資信託）もあります。ほんの数万円から始められるのですから、練習して失敗しても重傷とはなりません。

投資とは何か、何をすればいいのかという初心者や、少しは知っているという人は、本書で全体像を把握し、投資するうえでのポイントを学んでみてください。

そこで試してみたい商品があれば、専門の書を頼ってみるといいでしょう。初めからここまでの損なら許容できるというラインを決めれば、試してみることは自身の可能性を広げることにもなります。

投資歴40年の私がさんざん教え、見てきた経験からしますと、いくら学習や研究を重ねても、成果に結びつかない人もいるのです。

投資でもっとも重要な点は、己の金銭に対する性格を把握することです。知識との適合性があるので、人的資本としての価値が高い間に学習することが望ましいといえるでしょう。

Column

知識はどのように活用すればいいか

読了した本から得た知識・情報は、まずノートに整理してみます。その時、どれだけ覚えているか、説明できるかを試してみます。意味不明な点、曖昧な点はないか、論旨・筋道は通っているかを自己判定するのです。巻末に索引がついていれば、それを利用して説明できるかどうかをテストしてみます。1人2役で質疑応答することも試してみることです。

社会にいた頃は、その内容に興味がありそうな人に話すようにしていました。しかし下獄後はそうもいきません。相手が関心もないのに一方的に話せば「ちょっと知っているからって鼻にかけて」とか「利口ぶって」と言われかねません。ですから相手が関心を示さない限りは、自分の中で反芻するだけです。

発想や想像力の源泉は、何かと何かを組み合わせることです。そのためには広い分野の（そしてできたら深い）知識・情報があったほうが有益です。

私はこれまで、どんな人とでも、どんな分野についても話ができるようにと心がけてきましたが、読書をすればするほど、自分の無知を思い知らされます。しかし「知らない」ということを楽しみの一つにする思考習慣を養うようにしています。

第5章
「命」の尊厳を知るために

●絶滅収容所から生還した人々の戦慄の命の記録

ＳＨＯＡＨ　ショア

クロード・ランズマン　高橋武智《たけとも》・訳

作品社

ホロコースト。

この言葉を耳にしたことはあるでしょう。人間をいかに効率よく「処理」するかを、経済的科学的に追求し、３年あまりの間に６００万人を虐殺した悪魔の所行のことです。

これは第２次世界大戦中の惨事でしたが、いったい誰が何をどのように行っていたのか、当時を知る関係者や住民に延べ３５０時間ものインタビューをし、９時間半にまとめた映画『ＳＨＯＡＨ』が作られたのは１９８５（昭和60）年のことでした。

この作品を企画・製作したのがランズマン。大戦初頭にドイツに占領されたパリジャンであり、サルトルとつき合っていたボーヴォワールの公認の愛人であり、18歳でレジスタンスに参加した経験の持ち主です。

彼はあの大虐殺が、なぜ、どのようにして可能だったのかという問いに促されて、足かけ

6年の間、関係者を探し、渋る彼らとの距離を縮めながら記録を撮ったのでした。

主な舞台は、「絶滅収容所」と呼ばれたトレブリンカ。収容されていたモルデハイ・ポドフレニクとシモン・スレブニクという、奇跡的に生還した2人の男を見つけたのです。

2人は労働用ユダヤ人として死体の処理などを担当し、やがて自らも撃たれましたが、急所を外れて一命をとりとめたのでした。シモンに至っては、当時、13歳だったのです。

処理方法はトラックの排ガスでした。車内に排ガスを引き込み、そこにユダヤ人を乗せました。一度に80人を積み込み、処理後の死体は深さ4メートルほど掘った穴に投げたのです。モルデハイは、ある日トラックのドアを開けて、死体を下ろす時に変わり果てた妻と子どもを見つけました。そして、自分も殺してほしいと申し出たのです。

すると管理者のドイツ兵は言いました。「おまえはまだ働く力があるから、今のところは殺さない」と。そうして何段にも重ねてある穴の中の死体の上に、家族を重ねたのです。

インタビューで彼は、「心のすべてが死に絶えました。でも、やはり人間ですから生きていたいと思います。そのためには忘れなければなりません」と語っています。

犠牲者という言葉を使うな、「ぼろくず」と呼べと強制され、この収容所では9万体が処理されました。夏には腐敗ガスの匂いが遠くまで漂い、大気も揺らいだといいます。

また、ビルケナウ収容所では、一度に3000人を処理できる巨大なガス室があり、焼却炉が増設されました。連日、当地の駅には60〜80両編成の列車が着きます。

その多くは家畜用の貨車にぎゅうぎゅうに詰められたユダヤ人でした。90%以上が「処理」される人たちで、すぐに「選別」後、シャワー室と騙され裸のままガス室に入れられます。

これらのユダヤ人の移送は、ユダヤ人自らが費用を払うのです。鉄道会社は事情を知っているにもかかわらず、団体割引料金として徴集していたのでした。

ユダヤ人一掃の名のもとに「再定住計画」が作られ、企業はいかに低コストで効率良くユダヤ人を大量に処理できるか、そのシステム構築に励んでいた資料も残っています。

排ガスで処理するトラックの製造仕様書には1平方メートルあたりに10人を詰め込むようになどとあり、人間を物としか見ず、何体でなく何個と表示しています。

ヒトラーの父親は私生児でしたが、ユダヤ人の血が流れているという噂もありました。またヒトラーは著書『わが闘争』（角川書店）で述べているように、若い頃から人種について、妄執とも思えるこだわりがあったのでした。

「アウシュヴィッツ以後、詩を書くことは野蛮である」というドイツの哲学者、アドルノの有名な言葉もあるのですが、ドイツ兵や収容所職員がこの暴挙に加担できた一因として、命令には従ってしまうという官僚的思考があったともいわれています。

アーレントの『イェルサレムのアイヒマン』（みすず書房）を読むと、大虐殺を計画して遂行した人が、狂人ではなく任務に忠実であることを心がけていただけと叙述されています。トレブリンカ収容所所長に獄中インタビューをしたギッタ・セレニーの『人間の暗闘』（岩波書店）を読んでも、罪悪感や人命より、任務を優先したのでした。

それは、中世から近代にかけて、白人が各地の原住民を狩猟のように虐殺することと、本質は同じでした。自分たちは優れた民族であり、他の人種・民族は動物に過ぎないという解釈ゆえに、人の心が働かなかったのです。

この人種に対する偏見や蔑視は、私たち日本人には直観としても論理としても理解しづらいことかもしれません。

ナチス党員・ドイツ軍人にしても、人の心は持っていましたし、同じ仲間、家族に対しては人間と認識していたのです。殺さなければ自らの命が危ないという事情もありますが、人命がただの処理する対象・数となった意識が悲劇となりました。

あの惨禍については時効はなく、元ナチスの隊員が今も逮捕されることがあるのです。ユダヤ人には賠償もしていて、区切りもついています。

日本の戦争責任と謝罪について、ドイツの場合と比べられますが、日本は初めから非戦闘員の大量虐殺を国家として計画したことはなく、同列に語れるものではありません。

残念ながら、日本は戦争に対しての総括に失敗したせいで、国論が二分されていますが、戦争においての国家が持つ両義性について、虚心に考察するべきです。

ホロコーストについての書は膨大にありますが、本書の特徴は両方の当事者と、それを傍観していた人々の苦悩、叫び、そして冷淡さとリアリティが伝わってくることです。

映画は、1995(平成7)年に日本でも公開されています。SHOAHというのは、絶滅・破局を意味するヘブライ語をラテン文字で表記したものです。

このような陰惨な歴史を持つユダヤ人ですが、パレスチナでは旧約聖書の言葉を大義として、パレスチナ人を迫害するという別の一面を見せています。

人間は賢いはずですが、他者の痛みには気づこうとしないのでしょうか。巨大な惨禍では人の生命を数字で示しますが、何万人であろうと、たった一人であろうと個々の人生があったはずです。命を抽象的に考えることなく犠牲者に思いを巡らせ、二度と悲劇が繰り返されないよう次世代に伝えなければなりません。

●全人類へ向けた被爆者の慟哭《どうこく》と、平和への声明の２１６篇の詩

日本原爆詩集

大原三八雄《みやお》　木下順二　堀田善衛《よしえ》・編

太平出版社

二十年前／ヒロシマに原爆を／落したのは／アメリカだ／そのことを／私は忘れかけていたのです／「あやまちはふたたびくりかえしませんから」／私は／そう信じていたのです／ああ／何という間抜けで／お人好し／二十年前の八月六日／目もくらむ／熱い／何千度の原爆は／私を焼いて／私の皮膚を突きさし／十五年も経って／生まれてきた／私の子どもまで／焼いてしまったのです／それなのに／私たちの／あやまちというのでしょうか／原爆は／アメリカが落としたのです／ヒロシマの／幾十万の母や子を／一瞬に／黒焦げに／焼いたのはアメリカです／（略）私たちこそ／原爆の生き証人なのです

本書の刊行は昭和45（１９７０）年ですから、手に入りにくいかもしれません。その際は図書館などで読んでほしいという思いで取り上げています。

現在、多くの国が核兵器を保有するようになりましたが、実際に使われたのは広島と長崎

だけです。アメリカは表向きには、日本との本土決戦で１００万人の自国の兵士が戦死する可能性があったから、とその理由について声明を発しています。

あるいは、日本に降伏を勧告したポツダム宣言を鈴木貫太郎首相が黙殺したからという理由も挙げているのですが、事実はまったく違います。

日本に原爆を使うことは、昭和19（１９４４）年にルーズベルトとチャーチルの間で結ばれた「ハイドパーク協定」という秘密協定で決められていたのです。

そんな経緯もあり、連合軍がポツダム宣言を日本に勧告する14カ月も前に、アメリカは原爆投下を正式に決めていました。

理由はいくつかありました。そのひとつは、原爆開発プロジェクトの「マンハッタン計画」に、莫大な予算と人（20億ドル・延べ54万人）を注ぎ込んだため、議会や国民に対しての弁解代わりでした。

ほかにもソ連を牽制するためとか、トルーマン大統領が自身につけられた頼りないというレッテルを剥《は》がすためとか、日本人が黄色人種だったためなど、いろいろいわれています。

日本と同盟国だったドイツは、原爆が完成する前に降伏しましたが、仮にそうではなくても、同じ白人に対して原爆は使わなかったであろう、というのは通説です。

本書の中にもありますが、原爆は爆心地の人間を一瞬で痕跡もなく消してしまいます。実験でそれを知っていながら、アメリカは非戦闘員を含む大量殺戮《さつりく》のために使いました。たび重なる日本への空襲も原爆投下も、非戦闘員の死を前提として実行されたのです。

これは当時のジュネーブ条約に明確に違反した戦争犯罪になりますが、日本は負けたために裁くことはできませんでした。被害に遭った人々の無念さだけが残ったのです。

トルーマンは、500年後に開封されるタイムカプセルに「最後通告をした」という嘘を、平然と記録しています。

アメリカを憎め、恨めということではありません。しかし、そういう事実があったことは記憶しておくべきです。アメリカは自国の国益のために最大の成果を選びました。

日本は戦争では被害者・加害者の両面を持っていますが、その両方の視点から考えなければなりません。偏執的に自国の非のみをあげつらい、ひたすらおとしめる態度も、先人たちのやったことで私たちは無関係だという態度も、無知で卑怯なことです。

原爆投下から26年後の昭和46（1971）年。アメリカのキッシンジャー大統領特別補佐官が電撃的に中国を訪問した際に、周恩来首相と「絶対に日本には核兵器を持たせない」という密約を交わしてもいます。

何年か前に亡くなった中川財務大臣が、「日本も核を保有することについて議論すべきだ」と発言した途端、アメリカのライス国務長官が日本に飛んで来ました。「大丈夫だ、アメリカの核の傘で、しっかりと日本を守るから」というメッセージを持って来たのです。

仮に日本が核兵器を保有したら、自国に対して報復するはずだ、という思考がアメリカにあります。また他国も、あの戦争での日本軍の強さを知っているので、日本の軍事力を恐れているのです。

それを知らないのは日本人だけという現状は、戦後のアメリカの洗脳が成功した証拠でもあります。未来の日本のためにも、偏向のない歴史を学ばなければなりません。

人間が何の痕跡も残さず、一瞬で消滅させられるというのは、個々の人間の尊厳すら与えられないということです。

何万、何十万という数字に置き換えられる死とは、何だったのでしょうか。

中には、子どもといえども軍需工場で働いていたから、空襲や原爆投下など仕方がないという低劣な思考の日本人もいるようですが、子どもである点を無視して、行為の本質ではなく、表面上のロジックでしか語れない愚かしさでしかありません。

戦争を惹《じゃっ》起《き》したのは、子どもではなく大人でした。

遺骨さえなく肉親を失い、現在も後遺症に苦しんでいる人が多いことを、日本人として思いやるべきです。そして、再び戦争にならないためにも、幻想や空理空論ではなく、実のある思考を持つ時ではないでしょうか。

最後は私がもっとも胸を打たれた作品、「生ましめんかな」を読んでください。

「(略) 生まぐさい血の臭い／死臭／汗くさい人いきれ／うめきごえ／その中から不思議な声がきこえてきた／「赤ん坊が生まれる」というのだ／この地獄の底のような地下室で／今、若い女が産気づいているのだ。／マッチ一本ないくらがりで(略)／人々は自分の痛みを忘れて気づかった。／と「私が産婆です、私が生ませましょう」／と言ったのは／さっきまでうめいていた重傷者だ。／かくてくらがりの地獄の底で／新しい生命は生まれた／かくてあかつきを待たず産婆は／血まみれのまま死んだ。／生ましめんかな／生ましめんかな／己が命捨つとも」

——すべての赤子は、神がなお人間に絶望していないというメッセージをたずさえて生まれてくる——というタゴールの詩のようでした。

●死を受け入れて生きた末にたどりついた境地は、安らぎだった

輝やけ 我が命の日々よ

西川喜作《きさく》

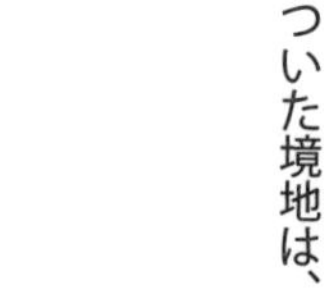

新潮社

自分がガンで余命いくばくもないと知った時、皆さんは何を考えますか？

多くの人にとって「死」は、いつも三人称の死です。自分の死について、平生から考え、覚悟している人は稀といえます。生まれた以上、確実に死ぬとわかっているのに、なぜか自分の死は遠いどこかの世界での出来事としか捉えていません。

著者は当時、国立千葉病院精神神経科医長をしていた48歳の医師でしたが、ガンの宣告を受けました。医師といえども著者の胸裡では、失意や不安という暗い感情が湧き上がるばかりだったのです。

患者として診療を受けながら、入院・手術という道を歩む過程で、自分の生きる意義について深く考え始めます。失意を振り切り、医師として自分ができる生き方を模索し、闘病の身で実践していきました。

本書には、その途上での著者の揺れ動く心が刻明に綴られています。自分を第三者のように客観的に見る心と、ふと我に返り、一人の人間として不安や焦燥に包まれる心が交錯し、絶望的な状況下で自らの命を最大に活かそうと、静かな闘いを続けます。

著者の心を支えていたのは、第一に精神科医としての責任感であり、矜持でした。車椅子の身になっても毎日、30～40人の診察を続けていたのです。

闘病の過程で患者の気持ちの揺らぎにも気がつき、自分の専門である医療分野だけではなく、そうした問題にも資料として残すことを試みます。わずかでも医学に貢献したい、残りの生を役立てたいという情熱がそうさせたのです。

また、医師として多くの死に接してきた自分の感性が、いつしか鈍磨していたことにも気づき、著者は死の医学（サナトロジー）についての書を残せたらと望んだのでした。

さまざまな文献を渉猟する中で、ある医師の「死とは、その人の人生が短期間にｉｎｔｅｇｒａｔｅ（集積）されて出てくるものではないか」という言葉に勇気づけられました。

そんな著者も、妻への愛情や残される妻の不憫さに悩みます。

そうしている間にも病状は進行し、体の不自由や痛みとの闘いの中で、自分の覚悟を固めていくのでした。死を従容と受容していくのです。

すると、周りの景色の見え方が変わり、生きることの素晴らしさに感謝の念が湧いてきました。人は覚悟が決まると、心の構えが変わります。

私は中学生の頃から、自分の死ということを考えてきました。「人間は死ぬんだ。早いか遅いかの違いだ」という父の言葉もありますが、いつでも悩むことなく死ねる覚悟を持って生きてきました。

そう決めてきたゆえに、すべきことはきっちりやらなければ、その決意はただの観念上のものに過ぎず、嘘になるのです。

下獄後、顧みるとこの覚悟なり信条が、他者の生命の軽視につながったのではないか、という疑念が生じましたが、決して皆無だったとは思えません。

愚かな私は、考慮する時間があったにもかかわらず、自らの独善的な解釈で、計画的に大罪を犯した確信犯でした。拙著『人を殺すとはどういうことか』（新潮文庫）にあるように、裁判後半になって、やっと己への懐疑心が生まれ、やったことの意味を考え続けるようになり、過ちに気づいたのです。

「何てことをしたんだ」と心の内で叫んだものの、亡くなられた被害者の命も希望も戻りません。

「罪、万死に値する」というように、釣り合いは取れなくとも、自らの人生、命をもってしか謝罪できないのだという思いが反射的に去来しました。前出の拙著で述べていますが、殺人には「償い」はないと考え、せめて真摯な謝罪を、としているのです。

しかし、殺人犯で終わるのは致し方ないとしても、その前に、社会に善なることをできる限りやってからにしよう、父と母を思えば、私は人を殺《あや》めてしまったが、世のためになることもやったのだという証《あかし》になり、せめてそのような行為のあとで終わろうと考えたのでした。

わがまま、エゴと非難されるのは承知ですが、社会にいた頃の私は常習犯罪者ではなく、社会奉仕もして、少しは世の中の役に立とうとしていました。

贖罪としてやらねばならないというのではなく、純粋にわずかでも社会の役に立つ人間でありたいと望むからです。

何もなそうとせず、安穏と生きることは考えられず、大きな過ちを犯した身となってからは、その思いが強くなっています。何か社会のために有益なことができないのであれば、自分は不要と決めていることが、逆に自分の熱意を駆り立てているのです。

著者が思ったように、私たちの命は有限であり、その終焉がいつ訪れるかはわかりません。ひょっとすると、明日にも何らかの形で終わることもあり得ます。それを常に念頭に置いている人は、果たしてどれくらいいるのでしょうか。

著者は失意と不安の日々を経て、「私は、いま少しも死を恐れていない。死と対座する自分の心にやすらぎさえ持ち始めている。死を見つめる己が心をいとしいと思う。（略）日々の残されたこの時間の貴重さが以前に増して理解できるようになっている」とさえ感じるような境地に達しました。宣告から2年半あまりのことでした。

人の生は長い短いではなく、どう生きたかが大事だと思っている私には、著者の生き方は十分に肯定できます。

幸運ではなくても、与えられた条件の中で最善を尽くして生きるということ、時間が命そのものであること、家族をはじめ周囲の人々の情や存在の尊さなど、死と直面しなければ見えないこともあったはずです。

本書の冒頭に、「たとえ世界が明日終わりであっても、私はリンゴの樹を植える」という、ルーマニアの作家、ゲオルギウの言葉が出ています。これは私の好きな言葉の一つですが、生ある限り、終わる瞬間まで目的に向かって努めるというのが私の思いであり、人が生きる姿勢なのだと信じているのです。

死そのものは誰一人として経験したことはないのに、多くの人は死に怯《おび》え過ぎているのではないでしょうか。

　著者は死を自分の運命として受容しました。その生き方は時代も境遇も問わず、私たちの生き方の模範となり、より良い最期のあり方を示唆しています。

●戦記文学の不朽の名作

戦艦大和ノ最期

吉田 満《みつる》

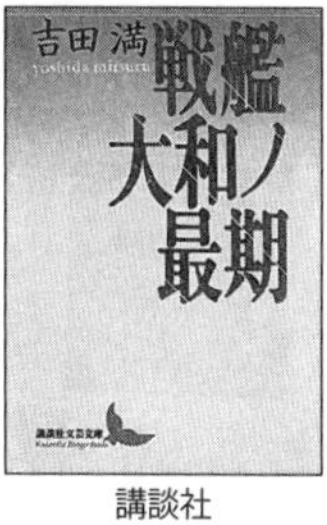

講談社

戦艦大和。全長２６３メートル、最大幅38・９メートル。満載排水量７万２０００トン。世界最大の46センチ主砲を９門備え、艦体が１６００の区画で構成され、不沈艦と呼ばれた軍艦でした。主砲の射程距離は４万２０００メートル。国家の総力を挙げて建造されたのです。

　その大和は昭和20（１９４５）年４月７日、沖縄特攻の途上、延べ５００機に迫らんとする米軍機によって沈みました。乗組員３３３２名のうち、生還できたのは２７６名という壮烈な爆沈でした。この時の大和は、通常であれば必ずつくべき護衛・攻撃のための戦闘機は1機もない丸腰状態で、死が必然の出撃だったのです。

生還したわずか276名の中に本書の著者、吉田満がいました。弱冠21歳。学徒出身の海軍少尉として大和に乗り組み、当日は幹部がいる艦橋の当直士官として、戦闘の一部始終を見ていたのです。そして、戦後、一日あまりで書いたのが本書でした。

戦争末期、米軍の1000隻以上の大艦隊が沖縄に侵攻してきたため、大和も作戦に駆り出されました。率いる第2艦隊司令長官伊藤整一中将は、連合艦隊参謀長の「一億玉砕の魁《さきがけ》になってもらいたい」という言葉に、「諒《りょう》」と答えます。

「沖縄突入ハ表面ノ目標ニ過ギズ　真ニ目指スハ、米精鋭機動部隊集中攻撃ノ標的ニホカナラズ（略）ソノ使命ハ一箇ノ囮《おとり》ニ過ギズ」

これが大和に与えられた使命でした。

著者はこの作戦に殉じることに干城《かんじょう》（軍人）としての誇りを感じていたのです。東京帝国大学から学徒出陣した著者の胸裡には、軍人としての死への覚悟がありました。

私が初めてこの書を読んだのは中学生の時でした。当時は戦国時代の武将や、まだ幼いその子息たちまで、未練なく死出の旅路に出ることに感銘を受け、自分もそのような覚悟を持つべきと思い始めた頃です。そんな時でしたから、死を厭《いと》わず必定《ひつじょう》とした著者、軍人たちの思いに、子どもながら強く共鳴し、この時代に生まれていたかったとも思っていました。

　このような死生観を抱くようになった背景には、戦後、無頼の徒であり、何度も命を狙われては白刃や銃弾に向かっていった父の信条があったのです。

　戦後、腕力の強さを買われた父は、飲食店の用心棒からヤクザ相手の取り立てを経て、金融業を始めました。口下手であり、極度な短気のため、素直に「はい」と言わないヤクザには、すぐ暴力で決着をつけます。父を殺そうと何人ものヤクザが闇討ちをしましたが、いつも相手が怪我をするか、返り討ちにされていました。

　私が下獄後、配属された工場に70歳を超えた親分がいて「あんたのおやじさんは本物のキチガイだった。狂犬だった。俺たちはみんなで逃げたもんだった」と懐かしそうに教えてくれたものです。

　そのために傷害致死で服役したこともある父ですが、本人は自重するという姿勢が微塵《みじん》もなく、やりたい放題の生き方をしていました。

　拙著『夢の国』でも綴っていますが、単身で日本にやってきた父の口癖は「負けたら終わり」でした。どこまでも自分に対して弱さを嫌った人で、最初の職場の鉱山でも同胞が疲れて休んでいる時でさえ、体を鍛えていました。

それは、生まれながらの強さに目覚めて、単純により上を目指したからですが、それだけに「実力がすべて」という物差しでしか見られませんでした。私に対しても、それは徹底していたのです。

父は、自分でやれることは懸命にやり、それ以上のことは「心配しても仕方がない、死ぬ時は死ぬんだからな」という一種の刹那的思考、無常感を生き方の中心に据えていた人でした。

父はよく私に「父さんは長生きしたくない」と話していました。老いて家族に迷惑をかけるのを嫌っていたのです。その点では私も父の思考を踏襲し、父のように「太く短い」人生がいいと決めていました。

その父が、私の刑が無期刑となったあと、「父さんは100歳でも長生きして、お前の帰りを待つのだ」と言い、浴びるほど呑んでいた酒と煙草をやめたのです。

平生、父と私の関係は互いに独立したものでしたが、この時は「家族」ということを強く感じました。

話をもとに戻しますが、大和の乗組員にも婚約中の相手や新婚家庭など、それぞれの家族がありました。軍人たちは特攻での死を必然として、彼らに遺書を書いたのです。

婚約中の士官は、自分が亡きあとの婚約者の幸福を一途に念じていました。軍人として死を選ばなければならなかった時代の空気が、読む者の姿勢を正します。ここには戦後生まれの私たちにとって観念でしかない日本人がいました。

ある時、海軍兵学校（海兵）出身と学徒出身の士官の間で、何のために殉じるかという論争が起こります。国のためでいいではないかという海兵出身者と、自らの死に何らかの意味を見出したいという学徒出身者は乱闘になりました。

それを止めたのは、人望篤く、俊秀の誉《ほま》れ高き臼淵《うすぶち》大尉でした。

「進歩ノナイ者ハ決シテ勝タナイ　負ケテ目ザメルコトガ最上ノ道ダ　日本ハ進歩トイウコトヲ軽ンジ過ギタ　私的ナ潔癖ヤ徳義ニコダワッテ、本当ノ進歩ヲ忘レテイタ　敗レテ目覚メル、ソレ以外ニドウシテ日本ガ救ワレルカ　今目覚メズシテイツ救ワレルカ　俺タチハソノ先導ニナルノダ　日本ノ新生ニサキガケテ散ル　マサニ本望ジャナイカ」

わずか21歳という臼淵大尉の軍人としての矜持、青年としての見識の明晰さがうかがえる言葉です。

当時、海戦の主役は大艦巨砲から航空機へと移行していました。真珠湾攻撃やイギリス海軍のプリンス・オブ・ウェールズら2隻への爆撃機による大戦果のパイオニアでありながらも、日本は日本海海戦以来の古い型を捨てきれず、革新者を精神論をもってして封じ込めました。その旧世代の象徴が、大和の存在ともいわれていたのです。

少なくとも臼淵大尉をはじめとする士官たちは敗戦を覚悟していました。そうであっても自らが信じる大義のために諦観していたのでした。

時代が違うというだけで、死は常に目の前にあったのです。生き方を限定されていたともいえます。

将校と兵が入り交じっての酒宴が開かれ、末期《まつご》の盃を交わした翌日、戦いが始まります。

「間断ナキ炸薬ノ殺到、ユルミナキ光、音、衝迫ノ集中ナリ」

まさに大和の死闘でした。文語の持つ簡にして要を得た叙述が見事です。

帝国海軍の栄光と日本の運命を担った大和は、空を覆い尽くすような爆撃機の攻撃に満身創痍となりながらも敢闘します。十数発の魚雷を受け、艦体を大きく傾斜させながらも航行を止めません。あたかも、肉体が滅び、魂だけで闘っているようでした。

やがて、必死の応戦も虚しく大和は沈みます。

「望ムベクハ、時ヲ得テタダ死ヲ潔クセンノミ」

著者は生と死の狭間で運命に従うことを良しとするのでした。

生還後の著者は軍人ではなく、一人の青年として生死を見つめます。自らの死に意味を見出したいと願いつつ、それも叶わず大和の学徒兵はじめ、三千余名の将兵たちは、新生日本の行末を見ることもなく、命の限りを散らせました。

彼らの尊い犠牲の代償について、後世の私たちは享受したものの意味を考えたり、彼ら先人たちに感謝したことはあるでしょうか。本作品は、ややもすると戦争賛美・肯定と受け取る読み手もいるでしょうが、私の思いはそれとは異にするものです。

人間の命が本来、持ち得るべき尊さ、重さがこれほどまでに軽視されていたことを、以前とは違って事件後の私は改めて感じました。

自らの命という、かけがえのないものを何かのために捧げた先人たちの心中を忖度《そんたく》する時、現在の日本に生きる私たちに何ができるだろうか。彼らが身命を賭して得た平和を守るとは、どんなことだろうかと思案するばかりです。

悠久の大義に殉じるという彼らの言葉は、ぎりぎりの生の中で、なんとか己の死を納得させたかったがゆえに出たのではないか、とも思えます。

軍人である以上、死が必定とされながらも、現在の日本を目にした時、彼らは満足しただろうかと、私は再思三考するばかりでした。

九死に一生を得て帰還する艦から、故国の山に咲く桜を目にして安堵するシーンに、命の尊さを見ると同時に、その命を大義のためになげうった先人たちに、死して余栄あり、という言葉が浮かびました。

「最善を尽くしたあと、天命に従う」という父の言葉とその生き方を手本にしようと決めた当時の私の心に、軍人らの潔さが鮮烈に響いたのでした。

現代は死を目前としないことで、覚悟なき日常を過ごすことに疑問がない不幸を負う時代となっています。「覚悟なき人生は哀れなり」と中学生の時から思ってきましたが、自分で生を選べる時代に生まれた僥幸《ぎょうこう》を十分に生かしてほしいものです。

本書は日本人なら必読の格調高い魂の書であり、壮大な叙事詩でもあります。

覚悟とは何なのか、現代に生きる私たちがより良い生をまっとうするにはどうすべきか、考える契機となることを願ってやみません。

●ガンと闘い、死の直前まで仕事への意欲を絶やさなかった渾身の記録

「死への準備」日記

千葉敦子《あつこ》

文藝春秋

初版は１９９１（平成３）年ですが、入手が難しいようでしたら図書館で見つけてください。

著者は東京新聞に入社後、経済部記者を経てフリーとなり、その後、拠点をニューヨークに移したのですが、数年前からの乳ガンが転移し、働きながら闘病生活を送りました。

冒頭、転移の影響で声を失ったという記述から始まります。

話すということは、自分が何者であるかを表現する重要な手段であり、その人の全人格を表わします。声と会話は武器だったと語る著者は、そこに一つの死を感じました。

「声を出すのが苦しいので、必要最小限の会話しかしないようになると、頭が悪くなっていくのが分かる。会話というのは、最も知的刺激の強い日常活動なのだ」

これを読んだ時、胸奥で、「その通り！」と叫びました。私が無期囚として下獄する際に憂慮したのは、知力と体力の低下だったのです。双方共にそれまでの人生からは想像できな

い速度で劣化することを覚悟し、諦観せざるを得ませんでした。

知力も体力も私の武器だっただけに、いかに劣化を遅らせるか真剣に考えたものです。

「俺の頭は次第に悪くなるんだな」と肚をくくりましたが、獄内ではまともな話などできないのが普通で、いざ学問的なことを喋るとなると、以前の思考速度も論理構成力も格段に低下していて、われながら「俺はバカになった」と知ったのです。

インプットしたとしても、アウトプットしなければ能力は思ったように向上しないのが現実で、これは自業自得と諦めています。そのため、著者の無念が自分のことのように感じられました。

著者は、機能を失う喪失体験を一つの死と表現しています。

「一つ一つの死は、十分に悼んでやらなければならない。一つ一つの死には、それに先行する輝かしい生が存在したのだから」

そして、このように語ったのです。

「私たちは、喪失体験を通じて大きく成長する。だから、私もこの喪失体験を通じて成長したいと願う」

私がもっとも共鳴できるのは、このような前向きな思考でした。

ああだったら、こうだったらというないものねだりや、現状の不満を嘆くより、所与の条件下でどのようにしたら最善の結果が出るのかという姿勢は手本になります。

著者が不治の病と知っていながら、どのように生活をしていくかというのは次の言葉に明確に表われていました。ここに精神の強さが出るのです。

「感傷に浸っている時間などはありはしないのだ。肉体的な苦しさに歯をくいしばって耐えている時間以外は、どうやって残された時間を意味あるものに使うか、だけを考えてきた。(略)時間の使い方は生き方の問題だと思う。いずれにしても、困難に出合ったとき、それを『いまこそ自分が成長する機会なのだ』ととらえなかったら、何年生きたって人間は成長しないではないか」

「ただ、どんなに死への道が苦しくても、私は私らしく苦しみたいと思うのだ。神という絶対的な存在を信じない私にとっては、死にゆくことも生きることと同様に私自身の試練の過程だと考えている。自己に忠実に生き、自己に忠実に死にたい」

このように述べて、著者は病状が悪化する中で、仕事への熱意を持ち続けます。「死」というものについて、単に観念論や抽象論をこね回すだけではなく、人間として価値ある目の前の実務をこなそうとしていました。

「生と死」について書かれている著名な書の多くは、「死」を観念的なもの、実生活から遠いものとして捉えていますが、その時に何をすべきか、どう生きることが最善かという示唆こそが必要です。

人は、死の瞬間まで現実に生きているのです。嘆くだけで目前の生や仕事への意欲を欠いた生き方は、死以前に死に絶えている、己に対して不誠実だというのが、若い頃からの私の思いでした。その点を著者は真摯に生きようと努めています。

次の一文は、私が身をもって体験したことのひとつでした。

「自分の持っていたものを失って初めて、その価値がわかるのだ。人間とは、なんと愚かな存在なのだろう」

まさにその通りなのです。人間とは賢さも備えているはずなのに、その時々のわが身が抱える貴重なこと、恩恵に気がつきません。陥穽《かんせい》に落ちてやっと気づきます。健康はその最たるものではないでしょうか。

次第に病状が重くなっていった時、母親から手紙が届きます。

「あなたと親子になれてありがとう。(略)育てさせていただいて、私自身が育てられました」

親としてもっと言いたいこともあったと思いますが、互いの間にある情愛と信頼を感じました。そうして著者は死の数日前まで原稿を書くなど仕事をしていたのです。

どう死ぬかは、どう生きるかということであり、その時に人間の真価を問われます。何があってもその瞬間まで、「生き尽くす」という思いを本書で知ってください。

Column

専門書・学術書を読む時に大切なこと

まず基本となる1冊を見つけ出すことが重要です。目次を見ればだいたいの見当がつけられますが、より賢明なのは、奥付を見ることです。版を重ねていれば、それだけ内容が認められているという証です。

また、自分の知っていることがあれば、それについてどのように書かれているのかを調べてみると、著者のレベルと、その本の位置づけがわかります。

類書などに参考文献として何度も引用されている本は、その分野では基本となる1冊であり、信用のおける本と推察できます。

何十冊、何百冊と同じ分野の本を読むと6〜7割は似たようなことが書かれているので、それが基本、基礎であることがわかるのです。

それ以外の部分は、著者なりの研究成果や、独自の見解が書かれていますが、私はこの部分を好んで読んでいました。

著者によってはまったく正反対の主張が述べられている場合もありますが、これは、専門書・学術書に限らずどの分野にでもあることです。この時「なぜそうなるのか」を追求する過程こそが、自分の知識を深めることにもなります。

第6章

「心」の成長をうながすために

●「人生を支える自由」を獲得するための至言

媚びない人生

ジョン・キム

ダイヤモンド社

著者は慶應義塾大学大学院の准教授ですが、これから社会に旅立とうとするゼミ生への餞《はなむけ》の言葉が綴られています。決して若者だけではない普遍性が詰まっています。「将来に対する漠然とした不安を抱く人が、今この瞬間から内面的な革命を起こし、これからの人生を支える真の自由を手に入れるための姿勢や考え方、行動指針を提示する」とあり、全編に著者の熱情が込められた言葉が並んでいます。

「自分と向き合い、悩みなさい。そして、どんな瞬間においても自分のことを信じなさい」


著者は現代の若者が自分に自信を持てず、万事において控え目であることを憂《うれ》いています。根拠がなくてもいいから、もっと自信を持てと語ります。

「今、苦悩していること、さらには社会や未来と戦っていくことそのものが、実は大いなる成長の糧となる」

「世界を征服するよりも、自分を征服するほうがはるかに難しい」
「媚びない人生を生きていくためには、人間としての強さを身に着けること」
「孤独は決して克服すべき対象ではない。孤独な時間、自分と向き合う時間こそ、絶対に確保するべき時間」

これから社会に出ようとする時に、こんな言葉をかけてくれる人がいたらと思う半面、当時の私は、果たしてこれらの言葉の意味が理解できただろうかと疑問です。

生きていく中で、実際に失敗しなければわからない言葉もあります。どんなに有益な言葉であっても、自らそれについて考えようとしないかぎり、言葉は単なる記号でしかありません。周囲の同囚といると、それがよくわかりました。

自らの行為の是非について、絶えず省察していなければ、有り難い言葉の意味も効用も一顧だにされず、人としての成長はありません。年齢ではなく、精神のあり方、柔軟さにかかわる問題です。知能指数では測れない、生きるうえでの賢さが大切なのです。

人間には理性だけではなく、感情があるからです。だからこそ、どのように己を律していくかが生き方になり、成果となっていきます。

「社会的な真実は複数あり、それが共存しているのが社会なのだ」

これも若い頃に知っておきたかった言葉です。私の失敗は、多元的な見方や思考を仕事ではできたのに、私生活では自分から排除したことに尽きます。

社会にいる頃、私生活では自分の見方や思考と違うことは「誤り」、あるいは「理不尽」と判断していたのですが、相手からすればそのようなことも十分に合理的なのでした。

自分が納得できないものと遭遇した時に、そこで思考を止めないで、違う視点から見ること、考えてみることが重要であり、それが進歩と成長につながるのです。

「創造的な人材は、自ら山を見つけ、その山を登っていく」

という言葉もありますが、仕事は何であれ、能動的に取り組む思考と姿勢が不可欠です。どんな仕事でも創意工夫で自分だけのやり方が確立でき、真に有効であれば、自らの稀少性につながります。

著者は若い時には簡単に判断を下せないような問題にたくさん直面することを奨励していますが、そのためには行動しなければなりません。失敗することを恐れて何もしないのは、それ自体が最大の危機であり、成長から離れることになります。失敗を失敗ではなく、たまたまうまくいかなかった一つの方法と考えればいいだけです。

踏み出したあとは結果を虚心に受けとめて、次回に活かすという繰り返し、積み重ねが将来の自分を創り、目標の実現を促してくれます。諦めないかぎり、有効な方法です。

「すべての創造性の根源は、何かと何かの接点にある」

まさにその通りで、私が社会で仕事をしていた頃、頭の中には常にこの思考がありました。そのためには、一つひとつの要素について深い知識や理解が必要でした。平生からこれとあれを組み合わせたらどうなるのか、という思考習慣をつけることです。

「人間は本当に死ぬ時まで成熟し、成長していくことができる」

私は服役してから何年か経って、このことに気づきました。56歳の今も変わっていくことを自覚しています。それが成熟や成長かはまだ断定できませんが、能動的に変わろうとすれば十分に可能です。

若い時というのは海図も羅針盤もなく、星座を見る術《すべ》さえ知らずに小舟で大海に乗り出すようなものかもしれません。何度も難破しそうになって、海図や羅針盤の必要性を知り、方角を示す星座の見方を知っていくのだろうと気がつきました。

もし、事前にそれらについての情報があれば、より充実した航海になるはずです。もちろん、若さが邪魔をして素直に従えないこともあるでしょう。そうであっても、まったく知らないよりは成長させてくれますし、本書には精神の発熱を促す力があります。

「人生の悲劇は死ではなく、生あるうちに自分の中で何かが死に絶えることです」

ジャーナリストのノーマン・カズンズのこんな言葉がありますが、人はいくつになっても意欲があれば向上できます。本書の熱に触れてみてください。

●ローマ帝国皇帝であり哲人の内省と思索、そして人間追究の記録

自省録

マルクス・アウレーリウス　神谷美恵子・訳

岩波書店

マルクス・アウレーリウスは、ローマ時代に五賢帝と呼ばれた最後の人です。

生年は121年、その人生は哲学的思索と蛮族との戦いの日々に彩られていましたが、本人が希求したのは深い思索に没頭できる平穏な日常だったのです。

幼年の頃は病弱で家庭教師について勉強しますが、時の皇帝ハドリアヌス（この人も五賢帝の一人です）が興味を抱いて目をかけました。また文武両道で肉体を鍛えて病弱も克服したのです。

彼は数ある学問の中で、哲学にもっとも惹かれます。当時のローマではストア哲学が主でした。ストア派は紀元前300年頃にゼノンが創始した学派で、自然学・倫理学・論理学に分かれています。自然学も含まれているのは、宇宙の存在を考察したからです。

ストア派では、「自然にかなった生活」が思想の基本としてあり、自然というのは宇宙を支配する理性・理法を指すもので、倫理学も論理学も自然学の下に置かれていました。

人は肉体（肉）・霊魂（息）・叡智（指導理性）から成り、指導理性とは宇宙を支配する理性の一部、神的なものの分身であり、これが人の心の中心を占めるダイモン（霊的存在）になります。この思想によって神・人・自己に対する義務が示され、神への敬虔《けいけん》、社会性、自律自足が求められるのです。

理性を持つ者は同胞であり、宇宙国家の一人として互いに友好的であるように創られ、協力すべきとされています。

たとえ、自分に悪事を働く者がいても、善意を持って過ちを正してやるか、耐え忍ぶことを求められるのです。これが義務として万人に課されています。

人の幸福も精神の平穏も徳からのみ生まれ、徳とは宇宙を支配する神的な力に服従して受け容れることにあるのです。そして、人間の欲望を克服して、「不動心」に達することが幸福とされています。

この時代の哲学は、平穏な心と不動心を重んずるのですが、これらは学問としてではなく、現実の生活の中において何であるか、服役して気づきました。

「友人が抗議を申込んで来たならば、たとえそれがいわれなき抗議であろうともこれを軽視せずに、彼を平生の友好関係にひきもどすべく試みること」

「あけがたから自分にこういいきかせておくがよい。うるさがたや、恩知らずや、横柄な奴や、裏切者や、やきもち屋や、人づきの悪い者に私は出くわすことだろう。この連中にこういう欠点があるのは、すべて彼らが善とはなんであり、悪とはなんであるかを知らないところから来るのだ」

「今すぐにも人生を去って行くことのできる者のごとくあらゆることをおこない、話し、考えること」

「もっともよい復讐の方法は自分まで同じような行為をしないことだ」

これらの言葉に思い当たりませんか？　自らが決めたこと、しなくてはならないことは果断に行動し、逆に捨てるべき感情は、あっさり捨てなければなりません。

初めて読んだのは高校生の時でした。皇帝でありながら、自制心の強い、偉い人だなあと、常識的な感想だったのですが、自分が優位な立場にいて、劣位の相手に対する時、そこにその人の人間性の一端が表われます。

相手が弱者、劣位の人であるほど親切に接するというのは、学生の頃からの私の鉄則です。その人がどんな性根を持っているかは、劣位の人への接し方を見れば、大体のところは察することができるものでした。

単に威張ったり、横柄な態度を取らないというだけではなく、相手を慮《おもんぱか》る心が必要です。それはその人が客である時の従業員への言動でもわかります。人格者とはほど遠い私でも、劣位の相手に対しては気をつけてきました。

現代では職業を問わず、自らを客観視できない人が増えているだけに、マルクス・アウレーリウスの言葉は己を映す鏡としても説得力があります。

「何かするときいやいやながらするな、利己的な気持からするな、無思慮にするな、心にさからってするな。君の考えを美辞麗句で飾り立てるな」

「君がなにか外的の理由で苦しむとすれば、君を悩ますのはそのこと自体ではなくて、それに関する君の判断なのだ。ところがその判断は君の考え一つでたちまち抹殺してしまうことができる。また君を苦しめるものがなにか君自身の心の持ちようの中にあるものならば、自分の考え方を正すのを誰が妨げよう」

全編にわたって自律や自戒を促す言葉が並び、現代の私たちにも役立つものです。マルクス・アウレーリウスが説いていることの底には、常に自らの掟なり信条なりを抱き、外部からの作用に動じないということがありました。

これが、不動心に通じるものです。周囲の者がどうであろうと影響されないというのは、感情を持つ人間である以上、至難の業となりますが、身につけてしまえば心はいつでも平穏でいられるということです。

感情に流されず、囚《とら》われず、自分を保つことの重要性を痛感し、私も未熟ながらも修養と思って取り組んでいますが、皆さんも本書の言葉を実行してみませんか。

●20年以上成果を出し続けた200人に共通していたものとは

ビジョナリー・ピープル

ジェリー・ポラス　スチュワート・エメリー　マーク・トンプソン

宮本喜一《よしかず》・訳

英治出版

自分が「これだ」と信じる道を突き進み、所期の結果を長期にわたって出し続けるというのは、生き方として多くの人が望むことではないでしょうか。

本書では世界で多方面にわたり、最低20年以上成功、または結果を出している人を200人抽出し、インタービューした成果を綴っています。ここで定義する成功とは財力ではなく、その人自身の思いを実現したことです。

「自分とはいったい誰なのか。どんな意味を背負っているのか。目的は何か。この混沌とした先の見えない世界で、どのように自分なりの意識を維持していけばよいのか。自らの生活や仕事にどのようにして意味を与えればよいのか。どうすれば、常に新しい自分を生み出し、情熱を燃やし続け、懸命に生きる自分でいられるのだろうか」

本書に登場する人たちは、このような問いを自らに発し、それに行動・行為で応えてきました。その間の日々、何を思い、どのようにしてきたかという答えが詰まっています。

「仕事を愛する姿勢の気高さこそ、最も重要な価値観のひとつである」

これは基本中の基本です。もう一つ加えるなら、仕事と自分への忠実さといえます。どんな事情があるにせよ、目の前の仕事は自ら選んだものとして、能動的に努めなければ、不満もストレスも膨らむだけであり、自分に対する背信になるのです。

自らが望んだ道で結果を出し続けている人たちは、成果は第一に能力ではなく、自分の希望や目標をどのように捉え、どう考えていくかが重要だということを、それぞれの表現で繰り返し語っています。

その時々の苦境や失敗に対する受け止め方も、成功者は凡人と異なるものがありました。

「自分自身を生まれ変わらせたいなら、われわれは頭の中から抜け出す必要がある。必要なのは行動だ。われわれは内側を見ることによってではなく、空想や現実を試すことによって、理論上ではなく実際に、自分が成長して何者になっているのかということを学ぶ。自己を知るのは決定的に重要なことだ。ただしそれは、生まれ変わるためのプロセスの産物であって、そのプロセスで最初にすることではない」

頭ではわかっているつもりの人や、いくつかの方法があるにもかかわらず、怠惰あるいは

(失敗への）恐れから行動しない人は少なくありませんが、それがかえって失敗を重ねてしまう、自分はダメ人間だと決めてしまう大きな要因になっていることは否めません。

そういう人が行動するには、失敗についての見方を変えるだけです。

「うまくいかない方法の一つを見つけたぞ。では、別の方法を試してみよう」と。

そして「こうだったらいいなあ」ではなく「こうなるぞ」と決意して、休むことなく取り組んだ人だけが、自分の思い描いたことを実現したり、近い結果を出していたのです。

「自負心というものは、挑戦し、そして失敗する、また挑戦し、失敗する、そしてささやかな勝利をこつこつと積み上げ、毎日少しずつよい仕事をするところから生まれる」と本書にある通り、挑戦し、行動を重ねるしかありません。

「人に与えられた時間は限られている。だから、誰か他人の人生を生きて、その時間を無駄にしてはならない」

「経験は厳しい先生だ。まずは試練を与え、教えてくれるのはそのあとなのだから」

登場する人たちに共通しているのは、たとえ不安になっても決然とした覚悟や開いた心を持ち、自分の進む道を冒険と考えていることでした。

「安全安心というものはたいていが迷信。人生とは大胆な冒険か無かのどちらかしかないのだから」というヘレン・ケラーの言葉が出ていますが、深く共感できます。

自分に自信がなく、自分はダメだと言う人がいますが、本当にダメと証明するだけの夥《おびただ》しい失敗の経験はないはずです。ただ行動しなかっただけであり、失敗したら次に頑張ろうという覚悟を忘れているだけではないでしょうか。腹をくくってやりきる、向かって行きさえすれば、早い遅いはあっても、案外とできるものです。実行あるのみ。健闘を祈ります。

●戦時下で、したたかに生きた双子が見た日常の狂気の物語

悪童日記

アゴタ・クリストフ　堀　茂樹・訳

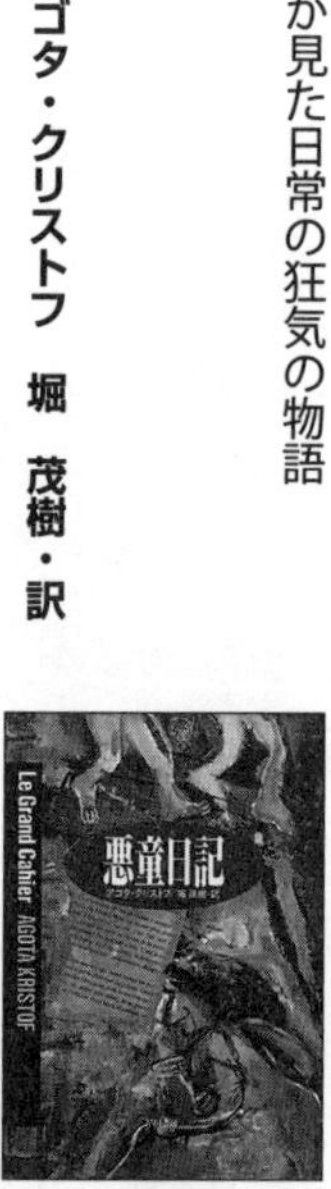

早川書房

舞台は第2次世界大戦末期のある国（ハンガリーを想定）で、両親と離れて田舎の祖母の家に預けられた双子の少年の物語です。この双子が〝怪物〟でした。

本書は彼らが日々の出来事を綴った日記の体裁を取っています。

彼らは互いにテーマを提示して作文を書くのですが、それにはルールがありました。内容

は真実でなければならず、見聞きしたこと、実行したことでなければなりません。いっさいの主観は許されず、事実の描写のみにとどめることとなっています。

双子たちは祖母から「牝犬《めすいぬ》の子」と呼ばれ、祖母のことは「魔女」と呼んでいました。祖母は吝嗇《りんしょく》で強欲で不潔です。双子たちが働かなければ満足な食事も与えません。おまけに母親から送られてくるお金や双子の衣類なども渡さず、自分のものにしたり、売ってお金に換える人でした。

最初は強いられることを拒否した双子たちですが、6日目に働き始めます。それは年寄りだけが働くのを見ている自分たちが恥ずかしかったからです。

祖母は何かにつけて彼らを手や箒《ほうき》や濡れ雑巾で殴ります。他の人々も平手打ちや足蹴にしました。なぜそうされるかわからない双子たちは痛さで泣いてしまいます。

しかし、彼らは痛みに耐えて泣かずにすむように体を鍛えることを決意するのです。手始めに互いに平手で、次は拳でパンチを加え合います。そしてベルトや火も使い、ついには何も感じなくなるようになったのです。

双子たちは毎日、祖母をはじめ、他の人々からも心ない言葉で罵倒されていました。その度に赤面し、耳鳴りがし、眼がちくちくし、膝が震えたのですが、克服するために互いを罵《のの》り合う訓練を始めました。そうして街に出るたびに、わざと罵られるようなことをします。やがて何を言われても動じなくなるのでした。

彼らはこのようにして、自分たちに振りかかる人為的災いや悪意の数々に対して負けることなく、知恵と精神力で乗り越えていきます。

双子たちはお金を稼ぎ、勉強し、生きるための智恵を身につけていくのでした。

隣家に住む貧しい母子の様子を見ると、救いの手を差しのべたりもするのですが、同時に物乞いのその少女の気持ちと人々の反応を知るために、自分たちも物乞いをしました。

戦争末期という時代も相俟《あいま》って、物語には悪意と暴力、貧しさと富、生と死など普遍的なテーマが盛り込まれていて、双子たちはそれらに智恵と行動力で対処していきます。

初めて読んだ時、彼らが互いを殴り合って体を鍛えたという叙述に、私は遠い学生時代を反射的に思い出したものです。私も自分が強くなりたいという一心で、ほんのわずかの同じ志を持つ仲間らと棒や竹刀で殴り合っていたからでした（効果は抜群です）。

単に小説の中の仮想ではなく、私にとっては現実感のあるエピソードで、自らの覚悟をもって苦難に抗《あらが》おうとする双子たちの気持ちに共感できました。

本書は一筋縄ではいかない作品です。なぜならば、同一人物・同一事象の内に善悪の二面性が覗くからであり、一元的に正邪を決めることはできません。

兎っ子と呼ばれる隣家の物乞いの少女は早熟であり、眉をひそめるような行為に及ぶ半面、双子たちが食料をあげるという申し出に喜ぶどころか、ほしくないと喚きます。

「そんなもの、あたし、盗めるんだもの。あたしはね、あんたたちがあたしを愛してくれたらって、そう思うのよ。誰も、あたしを愛してくれない。かあさんさえも……。だけど、あたしだって、誰も愛してなんかいないわ」

生き抜くために、いとも容易に倫理を飛び越える兎っ子が真に欲していたのは愛だというところに、著者のリアリズムが表現され、物語に深みを与えています。

そんな彼らにも愛されることについての諦念が描かれてあり、胸に響きました。

双子たちは母親から、「私の愛しい子」などと言われたことを思い出すと涙があふれてきますが、彼らはこの言葉を何度も繰り返すことで、その意味と、もたらす痛みを失わせようとするのでした。なぜなら今では誰も言ってくれないことが切な過ぎたからです。

後半では父親も登場しますが、双子たちにとって生きる術の一つとして、ラストにつながっていくのです。

時に非情で残酷でありながら、生き抜くこと、自らの保存という点で、卓越した処世術でした。この逞《たくま》しい精神が自己肯定になっています。

本書は視点によって双子の異なる面が見えることも、魅力のひとつといえます。続篇の『ふたりの証拠』『第三の嘘』（ともに早川書房）もあるのですが、本書のインパクトを感じてください。

●北大柔道部で過酷な練習に耐え成長していく男の熱い青春物語

七帝柔道記

増田俊也《としなり》

角川書店

「北の果て、北海道のディーゼル機関車は鉄塊のように重く、鉄塊のように硬く冷たい。その重厚な車体が、黒煙を吐きながらゆっくりゆっくりと札幌駅のホームに入っていく」

こんな書き出しで、この壮絶でかくも情熱的な物語は始まります。

七帝というのは、戦前の旧帝国大学である東京大学、京都大学、北海道大学、東北大学、名古屋大学、大阪大学、九州大学のことです。この七大学の柔道部が、毎年覇《は》を競い合うのが七帝柔道でした。

著者は昭和61（1986）年の春、2浪して北海道大学（北大）に入りました。目的はただひとつ、独特のルールで闘う七帝柔道をやるためでした。

合格後、著者は早速、柔道部へ入部します。その初日、人相が悪いという第一印象を持った先輩部員の和泉《いずみ》に誘われ、寿司と酒を振る舞われました。そこで近年の北大が最下位に甘んじていることと、七帝にかける心意気を説かれるのでした。

「今年の一年目が何人入ってくれるかに今後の北大がかかっとる。今日あんたが入ってくれたんもほんとうに嬉しいんじゃ。ほんとうにありがとう……」

「自分一人の試合じゃないけえの。全員の人生背負っとるんじゃけ。人間はのう、自分のために頑張れんことでも人のためなら頑張れるんで」

七帝柔道は普通のルールではなく、自分から寝転がって寝技にいける「引き込み」が許されていて、「待て」もなく一本勝ちのみ。場内と場外の仕切りもありません。関節技を決められて腕を折られても、「参った」と言わなければ負けにならないのです。いわば、古来からの果たし合いのようなものといえます。

試合は15人の抜き制で、勝てばそのまま続けられ、負けと引き分けは次の選手と交替するのです。そのため、勝ちにいく「抜き役」と、ひたすら亀のように畳に這いつくばって引き分けを狙う「カメ役」が決められ、カメは毎日、寝転がって耐える稽古だけでした。

「ひたすら苦しく辛い練習が続いた。北大キャンパスで柔道部の時計だけが進まなかった。遅々として進まなかった。（略）あまりに苦しかった。拷問のような時間だった」

「こんなことをやらなければ己の本当の弱さ脆《もろ》さに向かい合う必要はなかったのに、それに向かい合わなければならなかった。常にもう一人の自分の喉元《のどもと》に匕首《あいくち》を突きつけられ、おまえはどうするのかと問い続けながら道場に通った」

読む人まで息苦しくなるほどの常軌を逸した猛稽古の日々。眠っている時でさえ、先輩たちに絞め落とされる夢を見る中、著者は己の心との葛藤を繰り返していました。

この苛酷さ、私は心から羨ましかったです。私も小学生の頃から、バーベルやダンベルなどで体を鍛えていましたが、それは強制ではなく、私自身が積極的にしていたことでした。ウエイトを使うということは、その重量の増加が如実に成果を表わすもので、私の性分には合っていたのです。

学生時代も通して「他者ができないレベルのトレーニング」を自らに課すことが、私の最大にして唯一の信条でした。どこまで自分を追い込めるか、そんなことばかり追求していた私にとって、本書の猛稽古の描写は獄で眠っていた情動を覚醒させてくれました。

合宿後、著者は初めての七帝大会に選手として臨みます。決して参ったをしない壮絶な試合の描写が白眉《はくび》でした。

しかし、その年も勝てず、失意を胸に決勝戦を観戦し、その執念と試合のレベルの高さに圧倒されます。

その後、和泉が主将となり、例年以上のきつい稽古が始まりました。練習方法についての疑問を呈した著者に、和泉は「練習そのものがあんたに教えてくれるじゃろうて。この北大柔道部っちゅう畳の上には生きることの意味すべてが詰まっちょる。それを一つひとつ見つめて、深く考えていくことじゃ。それがあんたのこれからの宿題じゃ」と諭します。

稽古の目的は強くなることですが、それ以上に飽くことのない営為そのものに、私は意義を感じました。仕事でいえば「最良の報酬は次の仕事」といわれることと同じです。

時の経過と共に著者たち1年生は実力をつけ、人間としても成長していきますが、特にわがままな奴と疎《うと》んじていた竜澤《たつざわ》との友情が深くなっていきました。

「どうだ、こいつが俺の親友だ」と周りに自慢したい男だったという叙述に、胸が熱くなるほどでした。こんな友を持てる喜び、誇りが伝わってきます。

同じ志や目的を持った友というのは格別です。たった一人でも真の友というものを持てたら幸いといえます。表面だけの友ならいないほうがましです。

やがて、卒業していく先輩たちとの別れがあり、著者は和泉から北大柔道部の伝統を託されました。

「後ろを振り返りながら進みんさい。繋ぐんじゃ。思いはのう、生き物なんで。思いがあるかぎり必ず繋がっていくんじゃ。（略）わしらの胸には先輩たちの思いがしっかりと宿っちょった。先輩たちにとってわしらは分身じゃった。今日からは、わたしらの代にとって、あんたらが分身になった。わしらはあんたらで、あんたらはそのままわしらじゃ。のう。あんたの分身も、もうできよるじゃろが」

美しい情景でした。とてつもなく純乎《じゅんこ》とした珠玉のような青春時代が描かれていました。

何かにここまで打ち込んだという経験は、生涯の財産となるでしょう。

ある時期までに限界ぎりぎりの鍛錬をすることは、重要な通過儀礼となります。脳も同じですが、魂、精神力にしても同じことで、自分の容量いっぱいの厳しい稽古は強さや耐性を向上させてくれるはずです。障害から逃げない、立ち向かっていくという点で、時を経ても効力がある気がします。

連日の猛稽古の中で、恒例行事の「カンノヨウセイ」や「焼きそば研究会」のくだりなど、愉快なエピソードもあり、個性あふれる登場人物たちの血と汗と涙の青春物語に彩りを添えています。叶うならもう一度、学生時代に戻りたいものです。

こういう物語に出会うと、小賢しい理屈を考えるのも、口にするのも実にくだらない、情けないことだと思えてきます。

本書の全編からあふれ出る闘志と情熱が、灰の中に隠れていた熾火《おきび》を炎と化してくれるようでした。極北の大地で純粋でひたむきに生きる若者たちが心を震わせ、克己の念を奮い立たせてくれる物語です。

●自信と自尊心を取り戻してくれる提言

うまくいっている人の考え方 完全版

ジェリー・ミンチントン　弓場《ゆみば》 隆・訳

ディスカヴァー・トゥエンティワン

自尊心という言葉は誰でも知っていると思いますが、その意味は何でしょうか？

著者によれば「自分を好きになり、他人と同じように自分も素晴らしい人生を創造するに値する人間だと信じる気持ち」であり、本書のテーマはこの自尊心です。

自尊心は、「人間関係、自信の度合い、職業の選択、幸福、心の平和、成功」と密接な関係があるにもかかわらず、欠如に悩む人が少なくありません。著者はその理由を、悪感情を抱きたくなるような不快な経験に由来するものと述べています。

その結果として、「私は自分の人生を切り開くことができない弱虫だ」「私は生まれつき欠点だらけの人間なんだ」というような信念ができあがってしまうというのでした。

しかし、自尊心を取り戻すのは難しいことではなく、自分に対する考え方を修正するだけだと述べ、その方法や考え方が100カ条で構成されているのが本書です。

まずは、自分を好きになる、否定しないという言葉が並びますが、この自己肯定感の重要性は、服役後に深く感じさせられました。私自身、自分を否定するとか、ダメな人間と思ったことはなく、そのように思い込んでいる人がいることが信じられなかったのです。ところが、獄の中ではそんな人が大半でした。

「俺なんてどうせダメだし」「自分には到底無理です」「どうせこんな人生ですから、これからも社会と塀の中の往復です」「間違いなく、（塀の中に）また来ます。仕方ないです」

このようなことを言う彼らの表情は少しも暗いものではなく、淡々と、あるいは明るいものです。塀の内と外を何度も往復するというのは、こういうことかと納得するに至りました。自我は強いのに、自尊心はないのと同じでした。中には高い能力を持っているであろうと思う人もいますが、自分に対して否定的に捉えているのです。

「なるほどなあ。人間というのは、思考に左右されるしかない生き物なのだ」と痛感しました。

また「他人からどう評価されようと気にしない」「不平・不満を言わない」という言葉もあります。他者は自分の視点や価値観で物事を判断したり評価するので、それほど気に病む必要はありません。また、愚痴や不満を言って何かが解決したり、プラスになることもなく、気持ちを切り替える訓練が必要です。常に意識すれば直すことができます。

「自分は個性的な存在だ。だから、他人と比較しても意味がない」
「自分のどんなところも、他人との優劣を決める基準にはならない」
「自分で自分を傷つけなければ、多くの苦しみが避けられる」
「人に好かれるために無理に自分を変える必要はない」

という考えを持つことです。服役後、人の幸・不幸も自分が快適に暮らすか否かも、その根源は物や環境や現象ではなく、己の内部、つまり心の持ち方・思考によるのだと気がつきました。同じ環境、状況でも、捉え方や考え方次第です。この発見は私にとって大きいものでした。

生物学でいえば、刷り込みとでもいうのでしょうか。「自分なんかできないんだ」という思い込みの影響には絶大なものがあります。これを逆にするだけで人生は大転換するのだけど……と、磨けば光る素質を持った同囚を見るたびに残念に思っていました。

「他人を変えようとしない」

「よほど深刻な問題でないかぎり、自分の身の回りで発生する問題は、自分の態度を変えるだけで解決する」

「出来事をプラスに解釈する習慣は、自分にとって常にプラスになる」

「他人に悪い感情を抱くことは、他人以上に自分を害する」

「問題の原因は自分にあることを認める」

人生の大部分は他者とのかかわりであるだけに、これらの言葉は銘記すべきです。

私の誤りは、事の理非を判断したあと、それが普遍的であり、他者もそれに従わなくてはならないと考えた点にありました。論理的に正しければ、他者はそれに従うのだという誤《ご》謬《びゅう》に執着し、それを目的として行動したのは、痛恨の極みです。

自分に理があるなしではなく、いかに快く過ごせるかが大事だったのです。状況は同じでも自分の感じ方を変えることができれば、その問題はいつしか気にならなくなります。やっと、それがわかり、今は実践しているところです。

本書は難解な言葉を使わず、自分への思考やかかわり方を変える寸言が並んでいます。どんな境遇であろうと、自分を肯定することは生きる基本です。自分の人生である以上、自らを励まし、悔いのない生き方をしてください。

自分を見つめる時、励まそうとする時、本書は良き友となってくれるでしょう。いつだって、気がついたその時が視点を変える好機となるのです。

Column

小説を読む時に大切なこと

小説は、分析などせず没入します。一回性の人生では経験できないことやさまざまな人間観・世界観を素直に知ることです。主人公など登場人物と一体となり背景をしっかりつかんで、セリフにも注目します。どんな人物かを言動から追うと、伏線の意外性や規則性からの乖離《かいり》にも気がつくものです。するると著者の深い仕掛けに快哉《かいさい》を叫ぶこともあります。登場人物を覚えられない、個性をつかめないという人は、身近な人や俳優などの著名人に当てはめて動かしてみるのも一策です。

織り上がったタペストリーの裏側の縦糸横糸の色の配分を見つけてやろうというイメージを持ってください。

ノンフィクションを読む時は、自分も著者と共に取材をしているつもりで読んでいます。自分ならこんな問いを発するのになどと感じる時も少なくありませんが、なぜ著者はそのテーマを据えたのかを考えて読むのもノンフィクションを読む際のルールです。

現代は表層の情報で生きる人が多く、その奥を推し測る「知」が欠けているように思いますが、その能力を養うためにも有益になります。懐疑心と好奇心を念頭に置いて読むことで、人に対する観察力、洞察力だけではなく、読書の醍醐味も深まるはずです。

第7章

子どもに読ませたい本

●「才能で結果は決まらない」元気と勇気とやる気が出る方法とは

女子高生サヤカが学んだ「1万人に1人」の勉強法

美達大和　山村サヤカ&ヒロキ

プレジデント社

拙著ですが、本書が刊行になったのは、『人を殺すとはどういうことか』の読者が出版社経由で手紙をくれ、文通を重ねた途上で私が2人の子どもたちの相談相手となったことからでした。

当時、高校生と中学生の姉弟で、姉は中学時代にいじめの被害者となったこともあり、内気で消極的な性格、弟は天真爛漫な野性児です。

私の文通相手の母親の紹介で始まりましたが、勉強の目的から方法、学校での生活、勉強を続ける方法、読書、記憶力の鍛え方、ケンカの仕方、時間の使い方、目標の決め方、脚を細くする方法、孤独の効用、不安への対処などについて回答しています。

世の中は、先天的才能だけで構成されているのではない、どれだけ取り組めるか、続けられるかであり、それは目標や目的の強さに影響されるというのが自論です。

学生時代、社会人時代を通して、そんな例をいくらでも見てきました。多くの人が自分の持っている能力に気づかず、引き出そうともせずに生活しているのが残念でした。

逆に、何かがきっかけとなってやり始め、それを続けたことによって結果が変わり、人生が変わった人もたくさん見ていますし、かかわった経験も少なくありません。

大切なことは、絶えず目標や目的を意識して続けていくことです。三日坊主でも1年に92回やればいいくらいに考えるのも一つの方法になります。私は失敗も欠点も多いのですが、決めたことを続けるという点では及第点がつけられました。

2人の子どもたちとの文通では、自分の経験もふまえ、誰でもができることを中心に答えています。重視しているのは、「なぜ、やるのか。その結果どうなるか」であり、万一、やる気にならない、失敗した、自信がない時には、どうするかも綴りました。

小学校の頃から同級生に勉強を教えたり、中学校では、その他に中間・期末試験の出題傾向のプリントをガリ版で刷って売ったりしていたので、教えることは好きでしたし、相手が伸びてくれると、私も大いに喜んでいたものです。

生来、私はサービス精神が旺盛なので、相手にどうしたら喜んでもらえるか、どうしたら成果が出せるのかを考えるのも楽しみでした。教えている時の自分は、気も長くなり、温厚な人柄になれるので、その点でも快い状態だったのです。

「人間に大切なことは、頭のよさではなく、やり抜く、イヤなことでも決めたら続ける意志の強さです。これが重なると『根拠のある自信』となります。（略）自信とは、何かをやり抜いたとき、やり遂げたときにできてくるものです」「勉強でも仕事でも何でもそうですが、初歩に戻り、やさしい課題、問題を解いて、どんどん進んでいくのがコツです」「地道に続けていると、ある日、急にパーッとわかるとき、成長したなと感じるときが来ます。続ければ、結果はついてきます」

このように、続けることが自信や成長につながると説く一方で、お姉ちゃんは内向的で、他者とのつき合いに自信がありませんでした。何とか自分を出したいと模索していました。そういう人は、少なくないはずです。返事はこうでした。

「自分が気にするほど、周りの人は気にしていないのが普通です。他人が自分をどう見るのか、あれこれと考えるのでしょうが、ネガティブに考えることは一切ありません」

中学生の弟は、近年にしては珍らしい天然の野性児でした。ケンカの仕方とか、足が速くなりたいなど、質問の内容も野性児に相応《ふさわ》しく、私も同じ心で答えています。

「自信は自分の存在に持つものではありません。『俺は凄いんだ』『俺はほかの人とは違うんだ』『俺は特別だ』などと、自分のやったことではなく、自分自身に持ってはいけないのです。自信を持つ対象は自分が何かに取り組み続けたという、自分の心と行動に持ってください」

学生時代に大きく勘違いしていた私の心からの思いでした。

勉強にしても、それ自体が大切なのではなく、目標を設定して、どのようにしたらよいのか計画し、それを実践する訓練だというのが、私の定義です。人は放っておくと易きに流れます。そこをどのように克服するのか、そのトレーニングが勉強のひとつです。

物事をやり遂げるかどうかは、能力より性格を土台とした習慣が決定します。

「習慣という帝国は、なるほど強大だ」プブリウス・シルス（古代ローマの作家）、「はじめは人が習慣をつくり、それから習慣が人をつくる」ジョン・ドライデン（イギリスの詩人）など、習慣にまつわる偉人の言葉は枚挙にいとまがありませんが、若い時ほどつくりやすいのです。

下獄して同囚と暮らしていると、目標と習慣の重要性を痛感します。先天的には優れた面を持っていると感じる一部の人も、これまでの自堕落な生活のために、その素質は埋もれたままでしたし、今後の展望もなく、自らの潜在能力に気づこうともしません。

自分が持つ能力を使おうとしない、引き出そうとしないのは、自分に対する裏切りであり、もったいないことだと思いますが、いくつになっても本人の自覚ひとつで変われるのです。その自覚というのが、塀の中では至難の業になります。

自分を顧みて、もしかすると何か他の適性もあったかもしれないと思う時があり、環境やつき合う人の重要性を感じました。若いうちにこそ、いろいろなことをやってほしいです。もちろん、年齢に関係なく、その気さえあれば可能となるでしょう。

私は自分が最高に楽しい学生生活を送ったこともあり、多くの学生にそんな体験をしてほしいと願っています。勉強はもちろんのこと、スポーツやそれ以外のことに、本書のエッセンスを活用してくれたら幸いです。

●一人暮らしの老人と3人の少年の交流を描く清新な名作

夏の庭

湯本香樹実《かずみ》

新潮社

テーマは親しい人、身近な人の死です。

3人の小学校6年生の男子とおじいさんの物語を、淡々とした筆致で描きながら、その世界は薄いものではありません。読後感が爽やかな小説です。

主人公は木山、山下、河辺の3人の6年生と、町外れの家で一人暮らしをしているおじいさんです。

3人の小学生の出会いは、山下が祖母の葬式に出て、生まれて初めての死を意識し、それをほかの2人に話したことでした。

人が死ぬとはどういうことだろう、死んだらどうなるんだろう、誰かが死んだらどんな気持ちになるのかと、3人の少年たちの疑問は膨らむばかりです。

そんな時、河辺がもうじき死ぬのではないかと噂されている一人暮らしのおじいさんの情報を持ってきました。孤独死するところを発見しようということで、3人は見張ることを決めたのです。死ぬとはどんなことかを見てみるためでした。

行ってみると、その家はまるで手入れがされていないようで、外壁の板ははがれ、窓ガラスは割れて新聞紙が貼られ、ガラクタやゴミ袋が家の回りを囲んでいました。

庭に面した縁側の下半分がくもりガラスの大きな窓から、おじいさんの様子がうかがえますが、いつもぼうっとテレビを見ているだけでした。

夏休みに入ったこともあり、３人は終日、おじいさんを観察し、外出時には尾行もしました。おじいさんの行動範囲は決まっていて、コンビニの帰りに不愉快そうに公園のベンチに座り、バナナを１本食べるところまでがいつものパターンでした。そして、家に帰る道を歩き始めるのです。

「だれも話しかけないし、おじいさんも話しかけたりしない」

そういう生活をしていたおじいさんが、３人の少年に気がつき、口論や反目を経て親しくつき合うようになります。手伝いをしたり、昔の話を聞いたり、孫のような存在になり、家の補修や庭の掃除もして、家は見違えるようになりました。

それに合わせて、おじいさんの表情も生き生きとしてきて、行動も変わるのです。

おじいさんと庭にコスモスの種を蒔《ま》き、４人で開花を待つ時、おじいさんの幸福が伝わってくるようでした。

３人の少年は優等生ではありません。木山の家庭は母親が酒びたりで、息子ながら心配しています。河辺は母子家庭であり、本人の性格はエキセントリックです。魚屋の息子の山下が、まあまあ平凡な家庭といえます。

こんな３人ですが、仲間うちの会話が微妙にずれていて笑いを誘いながらも、少年の好奇心にあふれ、読んでいて温かい心に包まれるのでした。

ある日、おじいさんに誘われ、3人は夜、山に出かけます。何が目的だろうと言い合っている時、夜空に6発の花火が上がったのです。おじいさんは花火職人でした。

少年たちとの交流により、おじいさんは再び生き始めたのです。

花火を打ち上げたあと、暗い川原をゆらゆら歩いているおじいさんに、3人がダッシュしていく場面は、互いの心が一つになるようで、胸に響くものがありました。

しかし、別れは唐突にやってきます。

3人が4日間のサッカーの合宿から帰ってきて、おじいさんの家に行った時、おじいさんは冷たくなっていたのです。かたわらには3人に食べさせるためのぶどうが置いてありました。

「おじいさんはとても満足そうに、少し笑っているようにさえ見える。でも、眠っているのとは違う。死んでいる。ここにあるのはおじいさんの抜け殻で、おじいさんそのものではない、そんな感じだ」

この後の叙述がとてもいいので、本書で読んでください。3人の少年たちは、大事な人を失うとはどういうことかを知ると共に、おじいさんが心の内に生きていることも知りました。

いろいろなことを相談したかった木山が気づいたことは、本書を読む子どもたちにも気づいてほしいことです。

昔と違って祖父母と住む家庭が減り、多くの人にとって「死」が身近でなくなってきています。それと共に老人の存在や、老人と接する機会も確実に減ってきました。子どもだけではなく、成人後も老人は自分と別の種類の人間だと思う人が少なくないようです。

加えて、ゲームやマンガなどにより、「死ぬということ」はどういうことなのか理解できず、リセットしたら生き返ると信じている子どもも珍らしくないと聞きます。

そのような子どもたち、若者たちに老人の存在を身近に感じさせ、親しみを持たせると同時に、死の問題を自分で考えてみる、想像してみるきっかけとなる書です。

より正しく言えば、死を考えるというのではなく、死を感じさせることが子どもにとっての「死の教育・死の存在」になります。

塀の中に二十有余年いる私は、社会のことについて、メディアや外の人からの手紙と面会でしか知ることができません。現代の子どもや若者が、私の時代のそれとは大きく異なってきているのを感じる中で、ほっとする時もあります。

それは新聞の投書欄に、自分の祖父母が好きですとか、大事にしようと思うとか、老人を労《いたわ》ろうなどと、まだ十代の子どもたちの声が載る時でした。そんな投書を見るたびに、なぜかほっとします。私も祖父が好きだったこともあるかもしれません。

人の死をどのように教えるかという点で、本書は潤滑油として大人と子どもの間に機能するでしょう。文章も温かく、読む人を優しくさせる、誰にとっても良書といえます。

●視覚障害を乗り越えた著者が、生きやすい社会とは何かを考える
〈できること〉の見つけ方
全盲女子大生が手に入れた大切なもの
石田由香理　西村幹子《みきこ》

岩波書店

著者の石田由香理さんは、昨年9月までは国際基督教《キリストきょう》大学（ＩＣＵ）の学生で、現在はイギリスのサセックス大学教育系大学院に留学しています。

彼女は全盲です。生後1年3カ月の時、網膜芽《もうまくが》細胞腫という病気で両眼を摘出したのです。以来、視覚障害者として盲学校に通っていましたが、大学への進学を希望したのでした。

しかし母親は、目が見えず、ろくな就職先もないのに進学などして何になる、無駄なこと

をするなと否定的であり、協力もしてくれなかったのです。加えて、受験も点訳になるため、模擬試験で合格が見込めるC判定が出なければ受験もできませんでした。

彼女は担任と母を説き伏せ、1年を浪人して猛勉強に明け暮れます。その動機となったのは、オープンキャンパスで見学に行った際のICUの対応にありました。視覚障害を告げても驚くことなく、その自然な態度に彼女は希望を抱いたのです。

1年後、彼女は合格してICUの学生となりました。彼女なりに周囲の同級生と仲良くしたいという思いがあったのですが、半面、自分は友だちに迷惑をかけているのでは、という気持ちもあり、次第に周りと疎遠になっていきます。

彼氏もできましたが、どこか障害者の自分が見下されている気がして、うまくいきませんでした。そして携帯サイトのよからぬアルバイトをしたり、自分が汚れて堕落していくような思いにも陥っていったのです。

そんな時に高校時代の同級生に会い、自分の生き方を受動的でないかと言われました。それから彼女は自らに疑念を感じ始め、インターネットでフィリピンへのスタディツアーの参加者募集を知り、参加したのでした。

フィリピンでは、台風被災地でのボランティアや虐待で保護された子どもたちとの交流を通じて、障害者を健常者と同じように扱う居心地の良さを知りました。また、視覚障害を持つ子どもへの教育の脆弱《ぜいじゃく》さに愕然とします。

その中で自分の存在とは何か、健常者と共に社会で生きるには自分がどうすべきなのかを、真剣に考えるようになるのでした。

また、自立することが障害者として最優先ではないと感じました。本当に大切なことは何かということに気づくのです。

「自分のことばかり考えるんじゃなくて相手を思いやること、強がるんじゃなくて素直な気持ちを伝え合うこと、相手を受け入れること、そして尊重すること、感謝すること」を、11カ月の留学で学んだのでした。

帰国して復学した彼女は、どんどん友人が増えることに驚きます。自分の中にあった劣等感も消えて、開かれた心を獲得したのです。

「会話が始まったらちょっと強引にでも友達になっていっていい」という自信にも似た感覚を得て、彼女の世界は一気に広がったのでした。

生来のバイタリティに磨きがかかり、障害があると明るく生きられないという思い込みを否定し、自分の障害はコンプレックスではあるけれど、不幸ではないと言いました。

そして、障害者と健常者が共に生きるとは、「助け合うっていうより、互いの『できること』を尊重し合うこと」と語ります。障害者は可哀想、気の毒ではないのです。

また、もう一人の著者である西村さんは、ＩＣＵの准教授として石田さんを指導しましたが、逆に教えられることが少なくありませんでした。バリアフリーについても、物理的障害があることによって、健常者とのかかわりができることの意味などを気づかされます。

そして、「社会が個々人の可能性を決めつけてしまうことが、障害自体を作り出すことになるかもしれない」ということに警鐘を鳴らすのです。このことは日本の社会において、とうに現実になっているのではないでしょうか。

私は、たまたま母親が難病で目が不自由になったこともあり、どこがどのように不自由なのか、我が身をもって知りました。支援するにも想像力を働かせなければならないことや、互いの関係のあり方も考えさせられたのです。

また、私自身が海外に行った経験から気づいたのは、石田さんがフィリピンで感じたように、障害者への支援と視線が特別なことではないということでした。残念ながら、日本ではやはり特殊な視線がありました。

これは今後の日本社会の課題ですが、石田さんはハンディキャップに甘えず、自らの思いに忠実に生きる、不足するところは努力し、周りの支えに対して誠実であることを教えてくれます。自分が社会から必要とされる役割の具現化に努めているのです。

これからの子どもたちに、自らが望むことへの努力の姿勢と、自分が社会に対して何ができるのか、自分の生き方、あり方を考える契機としてほしい1冊でした。

●熱い青春時代に回帰させてくれる不滅の名作

一瞬の風になれ　第1部・第2部・第3部

佐藤多佳子《たかこ》

講談社

キラキラでピッカピカの青春スポーツ物語です。

主人公は神谷新二と一ノ瀬連。サッカーの才能あふれる好男子の兄を持つ新二と、走るために生まれてきたような連が、高校入学後、陸上部に入り、１００m、２００m、４００mリレーのスプリンターとして成長していくという筋立てですが、登場人物たちのキャラクターも秀逸でした。

新二は兄と同じサッカーをしていましたが、才能のなさを知り、連に誘われた陸上競技を始めるも、自分の能力を低く評価しています。

一方の連は天与の才がありながら、努力嫌い練習嫌いで、持てる能力を十二分に開花させる気がありません。

そんな2人が、陸上部顧問の三輪先生や温かい部員たち、そして何よりも他校の強豪たちに刺激を受けて目覚めていきます。県のスプリンターの王者である仙波や2番手の高梨という存在が、新二と連の潜在能力を引き出していくのです。

最初は連につき合わされた感のある新二が、陸上競技のスプリントの魅力に引き込まれ、持ち前の筋力と勤勉さで、どんどん速くなっていきました。それに呼応するかのように連も真剣に向き合うようになり、いつしか2人の間に闘争心が生まれます。

私が本作品を読んだのは、単行本の刊行後の2006年晩秋だったのですが、その時、服役生活で変化がありました。

まず、希望によって工場で作業するのをやめて、単独室（独居房）での作業に変わったのです。これは無期囚の私にとって仮釈放が規則上ないことを意味しています。

そして、もうひとつの変化は、その年の所内運動会での90m徒競走で初めて負けました。

47歳の時です。

服役以来、若い受刑者に挑戦され続けてきたので、いつかは負けるだろうと思いつつ、運動会が楽しみでした。

工場に出ないというのは、運動会にも出られず、もう走ることはないということです。

私は幼稚園の頃から負けたことはなく、中学校入学時の記録会の50m走では、3年生より速いタイムで全校一と体育館に記録が貼られました。

入学時に6秒2のタイムは、3年時に5秒8となり、高校入学後の100mでは11秒フラットで走り、中学・高校を通じ、「確実に10秒台で走れるから」と、先生にも何度も陸上部に誘われたのですが、他にやりたいことがあってやりませんでした。

服役後の運動会も初めの数年くらいは、たまたま一番速いから出ていたという程度ですが、次第にいろいろな工場の受刑者から挑まれたり、周りの人が速いと言ってくれることもあり、私もその気になってきました。40歳になった時でした。

陸上の練習など知らないので「学生時代にやってました」という受刑者を見つけては、どんな練習をしたのかを聞き、また陸上競技の本や雑誌を買って、獄の中でやれる練習を自己流で試すようになったのです。

しかし、歳月の洗礼は非情でした。

運動会3週間前よりストップウォッチを貸してくれるので、90mのタイムを計りながら練習していましたが、42歳の時にガクンと遅くなったのです。自分のイメージと現実が合わなくなりました。来るべきものが来たのだ、という思いでした。

ただ、私は加齢のせいと口にするのも思い込むのも良しとしなかったので、1年中減量したり、踵《かかと》で臀部《でんぶ》を叩く歩き方で生活するなど、すべての生活の中で走ることを意識していました。ウエイトもなければ、時間もない以上、工夫を重ねるだけでした。

同じ時期、天と地以上の差ですが、日本の陸上界には周囲より一世代以上も年長者でありながら、長年、第一人者の朝原宣治《のぶはる》選手がいました。朝原選手は、どんな時も加齢を口にすることなく、常に努力し、進化を求めている選手でした。

境遇が違うにもかかわらず、私は手本として朝原選手を勝手に尊敬し、レースがある月は、スポーツ新聞や陸上競技雑誌を購入して、発言や動向を励みとしていました。

速筋が命である短距離選手にとって、加齢による衰えは、一般の人が想像する以上に致命的です。しかしそれを弁解せずに、ひたすらに目標を追求する朝原選手の姿勢は、私に多大な夢を与え続けてくれました。本当に夢のような期間でした。

そんな経緯もあり、単独室へ引っ込んだのは、身の処し方に合わせてもう走らないという意味でもありました。ここでやれることは全部やったのだという思いもあったのです。それでも寂寥感は否めませんでした。

そんな時に本書の書評を見て「走る小説か」と、すぐに入手したのです。

新二と連が陸上部に入ったあたりから、私の脳裏には陸上のトラックが広がりました。獄内では時間が限られているので、同じ本を二度も読み返すことは滅多にありませんが、この物語は三度、四度と私を輝く汗と情熱、あふれる青春時代へと誘《いざな》ってくれたのです。

一人ひとりの人物が生き生きと躍動し、軽やかな笑いと共に、熱い思いを運んでくれました。「こんな青春物語があったのか！」と読了をためらうほどでした。

新二にとって高く仰ぎ見る存在だった連や仙波や高梨たちとの距離が縮まり、物語は風を受けて疾走していきます。高校生らしい恋の話、兄の怪我と再起、顧問の三輪の背負ってきた思い、スプリンターたちの夢が、リズムの良い文章で広がっていくのです。

「すげえヤツほど凡人以上に努力するってのは兄貴を見ててよく知ってる」「毎日ベスト更新」「おまえの一番の武器は一ノ瀬と違って、ハードで地味な練習に耐えられる心身があることだ」こんな言葉が随所に出てきます。

緊迫した空気が漂うレース前や、それが一気に破れるスタート後の描写には、何度も鳥肌が立ちました。拙者『塀の中の運動会』（バジリコ）もこの作品に触発されて書いたようなものです。この作品を読んでいると、無性に走りたくなるのでした。

今回、久々にまた手にし、学生時代に陸上競技をしなかったことを悔いるばかりです。あの時代に戻り、倒れるまでトレーニングしてみたい、風になりたいという熱情が膨らんできます。同時に獄内での走っている時の充実感や楽しさが想起されるのでした。

社会にいた時にこんな素晴らしい小説を読んだら、きっと私は陸上のマスターズに出ようとするだろうなと思いました。まさか桎梏《しっこく》の身となってから、走る魅力を知るとは夢想だにもしませんでした。人生はわからないものです。

本作品は、同囚や社会にいるさまざまな年齢の人に紹介しましたが、誰もがその良さに引き込まれています。学生ならば、現在をより実りあるものへ、それ以外の人であっても、何かをしてみようという意欲にかられる可能性が大です。

瑞々《みずみず》しい感性にあふれた青春の扉を開け、清爽な風に心洗われることを期待できる作品でした。日本中の子どもたちに届けたい書でもあります。

それでは、あなたも書店に向かい、イチニツイテ、ヨウイ、ドン。

●子どもでなくとも、仕事への夢がふくらむベストセラー

新・13歳のハローワーク

村上龍　はまのゆか・絵

幻冬舎

「大人になったら何になりたいの？」と大人たちに訊かれることが少なくなかった私は、母がいなくなる前は迷わず、「医者か弁護士」と答えていたものです。

私の答えを聞いた大人たちは誰もが、やっぱりね、という表情でうなずきました。

教師も両親も私には医者か弁護士がいいと口にしていたので、私はその仕事の内容も深く知らずにそれでいいとしていたのでした。成績からすればもっとも妥当な助言でもありましたし、他の仕事など考えもしませんでした。

それが両親の離婚で母がいなくなり、父の会社の倒産後に生活費・給食費などを自分で稼がなくてはならなくなった時、変わったのです。

「金持ちになる」と12歳の私は堅く決意しました。以後、中学・高校時代は自分で商売を考えて、サラリーマンの何倍も収入があったのです。

社会人となり、自分がどうやら稼ぐことに不自由しないとわかると、金持ちになるという思いは消え、自分しかなり得ない何者かになるのだと、そんな思いがより強くなっていきました。

初めに選んだ仕事は営業でした。理由は社会のいろいろな職業を知り、彼らに具体的に質問をしたり、現場を見たかったからです。社会にはどんな職業があるのかという好奇心は、現在に至るまで消えることなく続いています。

そのような意味で、６０３の職種を紹介している本書は、優れたガイドブックでした。

「13歳は自由と可能性を持っています。だからどうしても世界が巨大に映ってしまって、不安ととまどいを覚えるのです。わたしは、仕事・職業こそが、現実という巨大な世界の『入り口』なのだと思います」

振り返ってみると、中学生というのはそういう時期かもしれません。

本書の特筆すべき点は、その子が「何を好きか」という感情や好奇心によって、それに適したと思われる職業を列挙してある点でした。

花や植物の自然から始まり、音楽、絵、文章、ダンス、スポーツ、賭け事、メカ、おしゃれなど細かく網羅され、この中にきっと子どもの好きなものが見出せるであろうという構成になっています。そして、好きなものがないという子どもにも配慮されていました。

著者は仕事をする人を2つに分けています。自分の好きなことをしている人と、そうではない人です。

好きなこと、自分に向いている（少なくとも自分ではそう思える）ことを探すための武器は、好奇心とも述べていました。これは非常に重要なことです。

かなり以前から、就職といえば、「何をするか・したいか」ではなく、「どこの会社に入るか」という志向で考えられています。自分の適性よりも、待遇面や安定が優先され、それを親も最適なこととして求めるのが常識になっているのが現状です。

しかし、その安定も昨今のグローバリズムや、日本経済の成熟で様相が変わってきました。雇用の安定が揺らぎ、流動化してきています。

これは企業側の都合だけではなく、実は働く側の「自分の都合の良い時に働きたい」という希望の顕在化でもあるのです。

そうなってくると、生涯に複数の職業に就くというライフスタイルも一般化してきます。その意味でも、子どもの頃からさまざまな職業を知るのは有益です。

親として、わが子へは安全・安定をもっとも望まれることでしょうが、尊重されるべきは本人のやり甲斐や適性です。気の進まない仕事を給与のためにやるというのは、大きな不幸であり、毎日が苦痛でしかありません。

自分が積極的に選んだ職業では、努力や困難を強いられたとしても、それすらも楽しみとなり、また報酬となり得ます。真にその仕事が好きか、向いているかは、やってみないとわかりません。親ができるのは、情報をわかりやすく与えることです。

以前、ある本を読んでいたら幼稚園児と若い女の先生の会話がありました。

「○○君は大きくなったら何になりたいの？」

「ブロッコリー！」尋ねられた男の子は元気に答えました。

先生は優しく笑って、「じゃあ、おいしいブロッコリーになってね」と言ったのです。私は小さな驚きを禁じ得ませんでした。

この先生のように答えられることが、この女性の適性の高さを表わし、それにより園児たちは幸福な、楽しい気持ちになれるのだと感じたのです。適性のある人が、その職業に就くことは本人のみならず、周囲をも幸福にできると知りました。

安定か、夢か、両方か。それを選ぶのは結局は本人ですが、子どもの持つ可能性を引き出す糸口を作るのは大人であり、本書を勧めるのはそのためといえます。

●児童文学の枠を超え、大人の心をも揺さぶる不朽の名作

君たちはどう生きるか

吉野源三郎

岩波書店

子どもに読ませたい本と考えた時、『一瞬の風になれ』と共に頭に浮かんだ書です。四十数年ぶりに読み返してみたのですが、やはり優れた書と思わずにいられませんでした。

初版は昭和12（1937）年ですが、伝えんとする核心はいささかも古さはなく、これから精神的にも成長していく子どもに、是非、読んでほしい書です。

主人公は15歳の本田潤一。みんなからはコペル君と呼ばれています。2年前に父を亡くして郊外の一軒家に母とばあやと女中の4人で暮らしていました。近所には母親の弟で法学士である叔父がいて、コペル君とは仲良しです。

このコペル君が、級友たちとの関係の中で、さまざまなことについて悩み、考えます。そのたびに叔父さんの適確な助言や母親の経験が語られるのですが、説教がましさは微塵もなく、読者も自由に考えられるようになっているのです。

私が本書を読んだのは、小学校の高学年の時ですが、その時に印象に残ったことは、貧しい級友の浦川《うらかわ》君の立派さ、ナポレオンの行動力、北見《きたみ》君たちとの約束を守れなかったコペル君の不甲斐なさへの怒りがありました。

しかし、今回再読してみると、本書にはそれが些細なことに思えるくらいに、奥の深い教訓が、読者の子どもへの温かな眼差しを感じさせる筆致で綴られているのでした。

コペル君が叔父さんとデパートの屋上から下界にいる人々を見て、自分も一つの分子だと気づくエピソードは、人として社会や集団の中で生きるために必要な考え方、判断の仕方を、理解しやすい言葉で諭してくれます。

私たちは自分を中心として考え、判断してしまう生物ですが、自分を離れて正しく判断していくことの難しさについて、叔父さんは宇宙の真理という大きな視点を土台にして助言していました。これは、そのまま哲学として大人にも訴えかけるものです。

コペル君のクラスには浦川君という、いじめられっ子がいました。貧しくて弁当のおかずは油揚げだったことから「アブラゲ」と呼ばれて嘲笑されています。

彼はいじめられても悲しそうな眼をするだけで、抵抗も相手への憎しみを露《あら》わにすることもありません。

ある日、悪友たちのからかいが度を越したことで、コペル君の友人である北見君が、悪友たちのボスを殴ります。

このエピソードから叔父さんは、北見君の肩を持つコペル君の真っ直ぐな精神を褒めました。現代の学校では、いじめが常態化され珍しくないとのことですが、こんな感覚や思いを持つことの正しさを提示しています。

コペル君は正義感を持っていることもあり、ある時、乱暴な上級生から北見君を守ろうと、水谷君と浦川君と約束しました。ところが、いざその場になるとコペル君だけが恐怖のために約束を破ってしまったのでした。コペル君は苦しみます。

小学生の頃の私はここを読んで、自分が学校でリーダーだったこともあり、コペル君が嫌いになるほど腹を立てたものです。エキセントリックな父から、約束は絶対に守れ、弱い奴を助けてやれなどと言われて育ったということもありました。

しかし56歳の今は、コペル君がいかに後悔して苦しんだのか、憐憫《れんびん》の情を感じたのです。「ああ、コペル君、それは辛いだろ、他人はどうあれ、己が一番よく知っているからな」と胸奥でつぶやきましたが、コペル君はその大きな葛藤に何日も悩み続けます。

私のコペル君への思いは、年を取ったから感じたのではありません。

私自身が真にどうしようもない、取り返しのつかない過ちを能動的に犯し、あとでその誤りに気づき、痛恨の極みにある身で考え続けたからでした。だから、コペル君の懊悩はわがことのように、ひりひりとした痛みを伴って伝わってきたのです。

コペル君の過ちは、私と違って修復ができます。それを本書では次のように述べていました。

「人間である限り、過ちは誰にだってある。そして、良心がしびれてしまわない以上、過ちを犯したという意識は、僕たちに苦しい思いをなめさせずにはいられない。（略）正しい道に従って歩いてゆく力があるから、こんな苦しみもなめるのだと」

「僕たちは、自分で自分を決定する力をもっている。だから、誤りから立ち直ることも出来るのだ」

人は意図せずとも、時に過ちを犯し、深く呻吟《しんぎん》し煩悶しますが、本書のこの章は、その思いをいかに自分で処すべきかを、愛情深く示唆しています。

こうした経験を重ねながら、コペル君はいい人間を生み出すことのできる人になろうと決意します。そして、世の中の人のすべてが仲良くできたらとも願うのですが、どのように生きるかを、温かく示してくれる1冊でした。

●子どもに読み聞かせたい世界の名作を紹介

わが子をひざにパパが読む絵本50選

桑原　聡《さとし》

産経新聞出版

わが子に絵本を読み聞かす経験というのは、子どもにとっても親にとっても貴重なものです。本書はわが子に絵本を読み聞かせた「お父さん」が著者です。

息子が2歳から4歳の間に読んだ作品の中から、特に印象に残った（おもに出版20年を経た海外作品）50冊を選んでいますが、その選択が秀逸でした。

私にも幼い息子に絵本を読み聞かせた経験があり、本書中の作品には馴染みのあるものが多く、当時を思い出してなつかしさに包まれました。

「駟《し》の隙《げき》をすぐるがごとし」といいますが、歳月の経つのは早いもので、その息子も今年34歳です。ご遺族がわが子に会えないのに自分だけが子どもに会うのはおかしいので、音信不通となっていますが、元気で真面目に働いていることでしょう。

本書の冒頭にあるように「干し草のような髪の匂いをかぎながら」私も読んだのが昨日の

ことのようです。今から思えば、まさに珠玉の時間でした。

本書に並んでいる絵本のタイトルの一部を挙げると『ペレのあたらしいふく』『どろんこハリー』『どろんこごぶた』『あおくんときいろちゃん』『ずーっとずっとだいすきだよ』『わすれられないおくりもの』『はらぺこあおむし』『ちいさいしょうぼうじどうしゃ』『しろいうさぎとくろいうさぎ』『ちいさなうさこちゃん』『いいこってどんなこ?』『クリスマス・イブ』『ゆきだるま』などで、私も読み聞かせた作品が数多くありました。

50作品とも、表紙と内容を示す写真が各1枚ずつあり、あらすじとテーマについての著者の思いが綴られています。絵本というのは大人にとって一種の哲学書にもなり得るのですが、著者の解説は平易でありながら深いものでした。

絵本をひとつの絵画ともいうべき眼でも見ていて、その的確な批評は、選ぶ際に大いに参考になるでしょう。絵だけを見ても十分に子どもが喜ぶであろうと想像できました。

絵本を通して、働くこと、人を慈しむこと、親子や仲間への情や思いやり、真っ直ぐな心、生と死、愛を感じさせることは、子どもが成長するうえで尊いものとなるでしょう。

まだ小さかった息子を寝かしつけるのに、妻が絵本を読み聞かせるのを、私もそばで一緒に聞くことも度々でしたが、その妻の表情を見て、(なるほど、これが慈母の顔か)と時折、夜叉《やしゃ》にもなる妻を思い、笑いをこらえたものです。

次第に眠くなるのに、最後まで聞くんだ、と半ば瞼《まぶた》を閉じかけ、コクリコクリと細い首を揺らす息子を眺めているのも微笑ましいものでした。

タイミングを見て、妻の声が少しずつフェードアウトしていくさまは、私の母もこうだったのだろうかと首を巡《こうべ》らせました。

〝本の虫〟だった私が最初に熱中したのはディズニーの美しいカラーの絵本で、101匹ワンちゃんの白と黒のぶちのダルメシアンや、ずるそうな夫婦の鷲《わし》鼻など、今でも鮮明に思い出します。

私は母から本を読みなさいと言われたことはありませんが、母は家のあちこちに本を置いていたと、成人後の私に話してくれました。どこへ行くにも絵本を手にして、幼い私は何時間でもひとりで読んでいたそうです。

息子を寝かしつけている時、妻のほうが先に眠ってしまい、息子がニコニコしながら本を引きずって私のそばに来ることもよくありました。その顔には「読め」とあるので、私は動物になったり、老人や子どもになって読んだものです。

そんな時は、どんなに仕事で心が忙しくても、穏やかで柔和になれました。子どもに絵本を読み聞かせるというのは、親の心の浄化にもなるのです。

また同時に、親が自らを親であると再認識し、育児の疲れや葛藤を中和する機会でもあります。

どうか時間を割いて、絵本を読むという機会を、わが子とともに共有してください。その際、本書は優れたガイドブックになります。

また著者には他にも『酒とジャズの日々』(医療タイムス社)という著作がありますが、こちらは文章・写真・選曲共に、味と艶のある作品となって、良い時間と世界を提供してくれるでしょう。

Column

自分に合う本の見つけ方

まず固定観念を持たずに何でも読んでみることです。自分の主観が常に正しいとは限りません。自分の思い込みによる「食わず嫌い」で、出会えるべき1冊と出会えないのは大変な不幸でもあります。自分にとって合わない本というのは、多くの場合「今」は合わないということです。加齢やタイミング、その時の心理状態によって、何が心に響くかはわかりません。そのような思い込みは、自分の価値観に対する頑なさも強く影響していますが、それを超えるのは知識欲と好奇心です。

私もこだわりが強く、頑なな面もありましたが、旺盛な好奇心と知識欲のおかげで、本に対しては寛容だったため多くの分野の本と出会えたのは幸運でした。とにかく何でも読んでみて面白がる、ためになったと思う心構えが大事です。

ただ、得るもの、感じるものがないという本は、時間の無駄ですから読まないと決めていました。何よりも貴重なのは時間であり、時間は命です。

でもそれも、さまざまな本を読んでみてわかることです。読書は思考力も鍛えられる有益な行為なので、皆さんには偏食ならぬ「偏読」はせず、広い分野の本と出会ってほしいと切望しています。

あとがき

「本の中で人生の悲しみを知ることは、自分の人生に幾ばくかの厚みを加え、他者への思いを深めますが、本の中で過去現在の作家の創作の源となった喜びに触れることは、読む者に生きる喜びを与え、失意の時に生きようとする希望を取り戻させ、再び飛翔する翼をととのえさせます」(「第26回IBBYニューデリー大会基調講演」より)

これは国母である美智子皇后陛下のお言葉ですが、読書の喜びや効用を的確に表していきます。

残念ながら、私は社会にいた時に読んだ量ほどは、人生に厚みを加えられませんでした。それは本の内容を論理主体で捉えていたからだと服役後に気がつきましたが、そのおかげで情緒や感情を以前より働かせることを覚え、読書の醍醐味は広がったといえます。

現在の暮らしにおいて、もし本の存在がなかったら、読めなかったら、私の生活はどんなに荒涼とした景色になるのだろうかと愕然とするばかりです。

社会にいる私に近い人は、私にとって、本は栄養と同じだと言いましたが、その通りです。頭だけではなく、心も十分に働かせて読まなければ栄養は摂れません。

本書で紹介した中に、皆さんの心の栄養になるような、人生に刺激を与えるような1冊があってほしいと衷心より願いを込めたつもりですが、どうか虚心に向かい合ってくれることを願っています。

今後の私の夢・目標は、親のない子どものために養護施設を作り、一般家庭に劣らない環境と、社会で通用する高等教育を施すことです。そして各自の夢を実現してもらうことです。厳しい状況ですが、周囲の人たちのご支援を仰ぎながら実現していくしかありません。「自分の喜びが、誰かの喜びと重なる」という生き方で、人生の最後を終えられたらと望んでいます。

最後になりましたが、本書刊行にご尽力いただいた皆さまに、心からお礼申し上げます。ありがとうございました。

平成27年10月吉日

秋風が忍び寄る獄舎にて　美達大和

獄中読書記録（一部）

『いのちの音がきこえますか　女子高生のための生命科学』（柳澤桂子）・『みみずのカーロ　シェーファー先生の自然の学校』（今泉みね子）・『子どもを傷つける親、癒す親』（鈴木秀子）・『あなたに平和が訪れる禅的生活のすすめ』（ティク・ナット ハン）・『ぼくはチンパンジーと話ができる』（亀井一成）・『思い出トランプ』（向田邦子）・『絵本の力』（河合隼雄）・『あるがままの世界』（宇佐晋一）・『対訳 21世紀に生きる君たちへ』（司馬遼太郎）・『歎異抄』（古川泰龍）・『怒らないこと』（アルボムッレ・スマナサーラ）・『強さの奥義』（桜井章一）・『この国が好き』（鎌田實）・『教えるということ』（大村はま）・『できればムカつかずに生きたい』（田口ランディ）・『メッセンジャー』（キリアコス・C・マルキデス）・『論語物語』（下村湖人）・『葭の髄から』（阿川弘之）・『修身教授録』（森信三）・『もしも世界が明日終わるとしたら』（ランス・ワベルズ）・『ヴィジョン』（トム・ブラウン・ジュニア）・『次の生き方 エコから始まる仕事と暮らし』（森孝之）・『クマよ』（たくさんのふしぎ傑作集）（星野道夫）・『奇跡の脳』（ジル・ボルト・テイラー）・『孤塁の名人　合気を極めた男　佐川幸義』（津本陽）・『LOVE BRAIN　行為を紡ぐ男性脳　言葉を紡ぐ女性脳』（黒川伊保子）・『13階段』（高野和明）・『アメリカの小学生が学ぶ歴史教科書』（村田薫訳）・『死と生きる　獄中哲学対話』（池田晶子・陸田真志）・『森と文明の物語　環境考古学は語る』（安田喜憲）・『ニングル』（倉本聰）・『十九歳の地図』（中上健次）・『人間が好き　アマゾン先住民からの伝言』（長倉洋海）・『かもめ食堂』（群ようこ）・『あさきゆめみし』（大和和紀）・『愛の鬼才　西村久蔵の歩んだ道』（三浦綾子）・『私の猫たち許してほしい』（佐野洋子）・『魂の科学』（ＯＳＨＯ）・『狐火の家』（貴志祐介）・『告白』（町田康）・『甲賀忍法帖』（山田風太郎）・『生きなおす力』（柳田邦男）・『金融が乗っ取る世界経済』（ロナルド・ドーア）・『至高性　呪われた部分』（G・バタイユ）・『哲学ノート』（三木清）・『人間の条件』（ハンナ・アレント）・『おじさん図鑑』（なかむらるみ）・『初期ノート』（吉本隆明）・『作家ってどうよ？』（鈴木光司）・『財務省』（榊原英資）・『夜の国のクーパー』（伊坂幸太郎）・『精神科は今日も、やりたい放題』（内海聡）・『プラチナデータ』（東野圭吾）・『インディヴィジュアル・プロジェクション』（阿部和重）・『白光』（連城三紀彦）・『街場の文体論』（内田樹）・『ニッポンのジレンマ　ぼくらの日本改造論』（古市憲寿）・『心との戦い方』（グレイシー・ヒクソン）・『僕らの頭脳の鍛え方』（立花隆・佐藤優）・『乱読のセレンディピティ』（外山滋比古）・『佐高信の斬人斬書』（佐高信）・『読者は踊る』（斎藤美奈子）・『笑いと治癒力』（ノーマン・カズンズ）・『カウンセラーは何を見ているか』（信田さよ子）・『松岡正剛の書棚　松丸本舗の挑戦』（松岡正剛）・『新世代努力論「恵まれた世代」は判ってない。これがぼくらの価値観だ。』（イケダハヤト）・『すりへらない心をつくるシンプルな習慣』（心屋仁之助）・『人間とは何か』（トウェイン・マーク）・『生きるということ』（エーリッヒ・フロム）・『笹まくら』（丸谷才一）・『約束の道』（ワイリー・キャッシュ）・『日本人はなぜかくも卑屈になったのか』（岸田秀）・『天才が語る　サヴァン、アスペルガー、共感覚の世界』（ダニエル・タメット）・『健康食と危険食　東洋的食養の英智』（河内省一）・『ウェン王子とトラ』（チェン・ジャンホン）・『教えることの復権』（大村はま）・『父は空　母は大地　インディアンからの手紙』（寮美千子）・『癒しの旅　ピースフル・ウォリアー』（ダンミルマン）・『グランドファーザーとつり人』（トム・ブラウン・ジュニア）・『見えない道　愛する時、そして死ぬ時』（ルシャッド・フィールド）・『メディシン・ウーマン　新たな旅立ち』（リン・アンドルーズ）・『ハチドリのひとしずく　いま、私にできること』（辻信一）・『逃げたらあかん』（石川洋）・『はてしない物語』（ミヒャエル・エンデ）・『鳥のように、川のように　森の哲人アユトンとの旅』（長倉洋海）・『水の家族』（丸山健二）・『リネア　モネの庭で』（クリスティーナ・ビョルク）・『永遠の０』（百田尚樹）・『小太郎の左腕』（和田竜）・『ホエール・トーク』（クリス・クラッチャー）・『日本の心』（五井昌久）・『バグダッド・バーニング　イラク女性の占領下日記』（リバーベンド）・『謎の母』（久世光彦）・『作家の文体』（中村明）・『眠れぬイヴのために』（ジェフリー・ディーヴァー）・『夜と朝のあいだに』（蓮見圭一）・『命は弱さを許さない』（ヒキタクニオ）・『骨の記憶』（楡周平）・『ドルチェ』（誉田哲也）・『夢違』（恩田陸）・『物語論』（木村俊介）・『鷺と雪』（北村薫）・『「白紙召集」で散る　軍属たちのガダルカナル戦記』（笹幸恵）・『オレンジ計画　アメリカの対日侵攻50年戦略』（エドワード・ミラー）・『昭和史の天皇１　空襲と特攻隊』（読売新聞社）・『人生で大切なことは手塚治虫が教えてくれた』（ラサール石井・巽尚之）・『戦艦大和発見』（辺見じゅん・原勝洋）・『昭和史の論点』（坂本多加雄）・『日中韓　歴史大論争』（櫻井よしこ）・『東條英機　歴史の証言』（渡部昇一）・『反・幸福論』（佐伯啓思）・『はげまして、はげまされて～93歳正造じいちゃん56年間のまんが絵日記』（竹浪正造）・『死ぬことを学ぶ』（福田和也）・『細部にやどる夢　私と西洋文学』（渡辺京二）・『なぜ人は走るのか　ランニングの人類史』（トル・ゴタス）・『ウォールストリート　強欲こそが、正義か!?』（トッド・ハリソン）・『戦争の世界史』（ウィリアム・H・マクニール）・『日本開国　アメリカがペリー艦隊を派遣した本当の理由』（渡辺惣樹）・『外交敗戦　１３０億ドルは砂に消えた』（手嶋龍一）・『歴史の終わり』（フランシス・フクヤマ）・『国際政治　恐怖と欲望』（高坂正堯）・『宴のあとの経済学』（エルンスト・フリードリヒ・シューマッハー）・『人事部はここを見ている！』（溝上憲文）・『抗争』（溝口敦）・『根源へ』（執行草舟）・『結論で読む人生論』（勢古浩爾）・『金融世界大戦　第三次大戦はすでに始まっている』（田中宇）・『カオティックス　波乱の時代のマーケティングと経営』（ジョン・キャスリオーネ）・『ブルゴーニュ公国の大公たち』（国書刊行会）・『外交五十年』（幣原喜重郎）・『昭和ナショナリズムの諸相』（橋川文三）・『人口知能は人間を超えるか　ディープラーニングの先にあるもの』（松尾豊）・『２０４５年問題』（松田卓也）・『戦後日本のジャズ文化　映画・文学・アングラ』（マイク　モラスキー）・『ＩＱは金で買えるのか　世界遺伝子研究前線』（行方史郎）・『神様が降りてくる』（白川道）・『従属国家論』（佐伯啓思）・『国際法』（松井芳郎）・『野蛮な読書』（平松洋子）・『かの名はポンパドール』（佐藤賢一）

（雑誌は除く　順不同）

美達大和（みたつ　やまと）

1959年生まれ。刑期10年以上で犯罪傾向の進んだ受刑者を収容する「LB級刑務所」に服役中の無期懲役囚。罪状は2件の殺人。仮釈放を放棄している。『人を殺すとはどういうことか』『死刑絶対肯定論』（ともに新潮社）や『ドキュメント長期刑務所』（河出書房新社）、『刑務所で死ぬということ』（中央公論新社）、『私はなぜ刑務所を出ないのか』（扶桑社）などのノンフィクションだけではなく『女子高生サヤカが学んだ「1万人に1人」の勉強法』（プレジデント社）や『夢の国』（朝日新聞出版）、『塀の中の運動会』（バジリコ）、『牢獄の超人』（中央公論新社）などの小説も上梓。これまでに数万冊を読破。今でも月に100冊以上は読む“本の虫”。下記ブログにて社会にいた時の仕事や生活、獄内の筋トレ、近現代史（予定）を紹介中。

●無期懲役囚、美達大和のブックレビュー
http://blog.livedoor.jp/mitatsuyamato/

編　　集　真野はるみ
DTP制作　三協美術

人生を変える読書
無期懲役囚の心を揺さぶった42冊

2015年11月11日　第1版第1刷
2015年12月15日　第1版第2刷

著　者　美達大和
発行者　後藤高志
発行所　株式会社廣済堂出版
〒104－0061　東京都中央区銀座3－7－6
電話 03-6703-0964（編集）03-6703-0962（販売）
Fax 03-6703-0963（販売）
振替 00180-0-164137
http://www.kosaido-pub.co.jp

印刷所
製本所　株式会社廣済堂

装　幀　株式会社オリーブグリーン
ロゴデザイン　前川ともみ＋清原一隆（KIYO DESIGN）

ISBN978-4-331-51977-6 C0295
©2015 Yamato Mitatsu　Printed in Japan
定価はカバーに表示してあります。落丁・乱丁本はお取り替えいたします。